새로운
세상을
공부하는
시간

새로운
세상을
공부하는
시간

4차 산업혁명을 둘러싼
열세 가지 지적 탐험

손승현 지음

ℕ 더난출판

격변의 시대를 살아내야 할
우리를 위한 지침서

처음 이 책의 출간 소식을 듣고는 순간 고개를 갸우뚱했다. 책의 주제와 저자인 손승현 변호사의 커리어가 딱 맞아떨어지지 않았기 때문이다.

한국은 '4차 산업혁명'이란 제목을 단 책이 세계에서 가장 많이 출간되는 나라 중 하나일 것이다. 저자들은 대부분 해당 분야를 연구해온 학자이거나 정보기술IT 및 산업 트렌드 전문가다. 손 변호사의 이력은 이와 거리가 있다. 저자는 변호사가 되기 전 10년간 라디오 PD로 일했고, 전공한 학문 또한 신문방송학과 법학이다. 누구보다 명석한 분이지만, 굳이 이런 주제까지 넘어올 필요가 있었을까 싶었다.

하지만 저자 서문을 읽고, 내처 마지막 페이지까지 한달음에 떼고 나서는 '내가 그런 판에 박힌 생각을 하다니…!' 하는 기분이 됐다. 저자의 인문·사회과학도로서 공부한 배경, 저널리스트로서 다양한 지식과 정보를 융합해 자기만의 관점으로 재구성한 경험, 변호사로서 첨단 기술 기업의 현안과 전략을 누구보다 깊이 들여다본 기회. 여기에 더해 급변하는 세상을 제대로 이해하고 그 흐름에 온전히 동참하고 싶다는 간절한 열망까지. 이 모든 것이 씨줄 날줄로 얽히고설켜, 동일한 주제의 그 어떤 책보다 촘촘하고 강력한 저술이 완성됐다. 저자가 4차 산업혁명의 뿌리이자 결과로 내세운 '연결'과 '창의성'. 이 책은 그 두 가지 개념이 가장 행복한 결합을 이룬 결과물 중 하나일 것이다.

이 책의 특별히 훌륭한 점은 이름하여 '문송한' 사람들, 그러니까 문과 출신 혹은 비기술 분야 종사자로서 다가오는 변화의 파고에 불안과 무력감을 동시에 느끼는 독자에게 당장 활용할 수 있는 두 가지 무기를 손에 쥐여준다는 것이다.

첫 번째 무기는 이른바 '4차 산업혁명'에 대한 이해의 틀이다. 당장 포털 사이트만 검색해봐도 우리는 4차 산업혁명에 대한 무수한 정보를 접할 수 있다. 아쉬운 점은 그중 대다수가 폭발적으로 발달 중인 디지털 기술의 결과물이자 요소 간결합으로만 이를 설명하고 있다는 것이다. 물론 기술 발달과

그로 인한 경제적·사회적·문화적 변화는 이 논의의 '거의' 모든 것이라 할 수 있다. 하지만 이를 피상적·단편적 지식의 형태로 학습하는 것만으로는 이 경천동지할 변화의 핵심을 통째로 이해하기 힘들다.

4차 산업혁명이라는, 어찌 보면 지극히 편의주의적 발상에 따라 명명된 '무엇'은 인류사의 거대한 흐름 속에 있다. 인간을 다른 동물과 구별 짓는 결정적 요소들, 예를 들면 학습하고 유추하는 능력, 연결하고 창조하는 능력, 적용하고 재도전하는 능력이 결합해 어떤 임계치를 넘어섬으로써 오늘의 변화가 시작됐다. 저자는 그 거대한 흐름과 근원적 동력에 집중한다. 세계 유수 석학들의 연구와 통찰을 성실히 탐구하고 치밀하게 조합함으로써, 보편적인 동시에 문제의식이 잘 살아 있는 관점을 도출해 냈다. 읽기 쉽지만 결코 가볍지 않고, 머리에 쏙쏙 들어오는 동시에 무수한 생각거리를 던져주는 책이 탄생한 배경일 것이다.

이 책이 주는 두 번째 무기는 '이 복잡하고 불안정한 세계를 어떻게 살아갈 것인가'에 대한 구체적 지침을 제공한다는 것이다. 저자는 미래를 정확히 예측하려는 노력은 거의 쓸모가 없으며, 중요한 것은 변화의 메커니즘과 방향을 이해하는 것이라고 강조한다. 아울러 인류의 오늘을 있게 한 특별한 자질, 즉 창의력을 극대화하기 위해 구체적이고 지속적인 노력을 기울일 것을 권유한다. 다양하고 강렬한 직간접 경험의 축적, 집착에 가까운 몰입, 서로 관계없어 보이는 것들을 연결하고 통합하는 훈련. 무엇보다 크고 작은 시도와 영리한 실패, 지속적 피드백과 빠른 적용을 통해 내적 사고와 외적 관계망의 매트릭스를 더욱 촘촘하고 확장 가능한 상태로 유지하고 계발하는 것.

따라서 이 책은 4차 산업혁명 자체를 다룬 것이라기보다는, 인류 역사상 유례없는 격변의 시대를 그 어느 때보다 외로운 '개인'으로 살아내야 할 우리에게 크게 걱정하지 않아도 된다고, 제대로 된 질문만 던질 수 있다면 답 또한 찾을 수 있을 거라고 말해주는 고맙고 유용한 생활 지침서다.

'우리는 답을 찾을 것이다, 언제나 그랬듯이We will find a way, We always have.'(영화 〈인터스텔라〉 중에서)

이나리

헤이조이스 대표

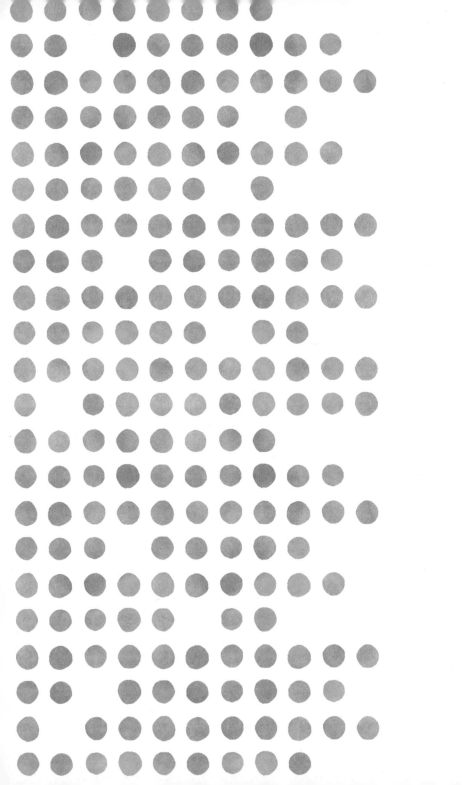

4차 산업혁명,
어디까지 알고 있나요?

발견을 위한 진정한 여정은
새로운 풍경을 찾는 것이 아니라 새로운 시각을 갖는 데 있다.
_ 마르셀 프루스트

🎵 The Kiss – 필델

라디오 피디 경력 10년. 신문방송학·법학 전공, 문과 출신….

대형 로펌의 IT 변호사로서 새 출발을 하던 당시의 제 이력
이에요. 그동안 경력의 어디를 보더라도 테크놀로지나 디지
털과는 한참 거리가 멀었죠. 그런 제가 TMT Technology, Media and
Telecom 팀에 자리를 잡게 되면서, 생존을 위해서라도 빠르게 변
화하는 세상을 그보다 더 빠른 속도로 습득해야 했어요. 그렇
지 않아도 하루하루가 빠듯한 로펌 주니어 변호사인데 부수
적인 과제가 주어진 셈이었으니 그야말로 막막했죠.

선배들의 조언에 따라 우선 업무를 통해 새로운 세상을 배

우기 시작했습니다. 구글이나 우버, 넷플릭스, 애플, 페이스북, 카카오, 네이버 등 국내외 IT 기업에 법률 자문을 제공하는 일을 하는 덕분에 그들이 어떻게 새로운 서비스를 개발해 이용자를 모으고, 빅데이터를 활용해 서비스를 업그레이드하는지 누구보다 가까이서 살펴볼 수 있었으니까요. 지나고 보니 제게 이보다 더 좋은 교과서가 있었을까 싶습니다.

아침 8시 반쯤 출근해서 늦으면 새벽 2시, 3시, 5시…. 아예 회사에서 밤새고 아침에 잠시 집에 들러 간단히 샤워하고 옷만 갈아입은 뒤 다시 업무에 복귀하는 일도 많았어요. 주말이나 연휴에도 맘 편히 쉬는 날은 손에 꼽을 정도였죠. 이런 생활을 5년쯤 하니 신기술과 관련한 법적 규제에 어느 정도 익숙해지기 시작하더라고요. 그즈음에 사람들이 흔히 4차 산업혁명이라고 부르는 분야 전반에 관해 나만의 공부를 시작해보고 싶다는 생각을 하게 됐습니다.

그렇게 잠시 한국을 떠나 미국으로 갔어요. 실리콘밸리 근교의 작고 평화로운 마을에 머물면서 그저 많이 읽고 많이 생각하며 변화하는 세상의 모습을 조용히 바라봤습니다. 궁금한 것은 책을 찾아보거나 인터넷을 검색하거나 같은 시기에 뉴욕에서 관련 분야를 공부했던 동생과 소통했어요. 이 책은 그 과정에서 축적된 작지만 절대 작지 않은 이야기를 여러분과 공유하기 위해 쓰였습니다.

이미 세상에는 4차 산업혁명을 이야기하는 수많은 책이 나와 있어요. 대부분 현란한 미래 기술을 보여주면서 우리의 시선을 붙잡습니다. 하지만 정작 제가 궁금했던 것을 단 한 권의 책에서 모두 찾을 수 있는 경우는 드물었어요. 오히려 생각지도 못했던 책에 문제의 정답이 담겨 있을 때가 더 많았죠.

예를 들어 제가 인공지능에 관한 가장 많은 아이디어를 얻은 책은 1970년대에 쓰인 더글러스 호프스태터Douglas Hofstadter의 『괴델, 에셔, 바흐Godel, Escher, Bach』라는 책이었고, 복잡계에 관해 가장 많은 영감을 얻은 책은 리처드 도킨스Richard Dawkins의 『이기적 유전자The Selfish Gene』라는 책이었어요. 이런 경험을 통해 어느 분야를 공부하고 무엇을 알고 싶어 하든 간에, 그 정답은 해당 분야만이 아니라 다른 여러 분야와 연결되어 있거나 또는 여러 분야가 만나는 경계에 존재한다는 점을 알게 됐습니다.

기술 전문가가 아닌 소위 '문송한(문과라서 죄송한)' 사람들은 미래를 설계하기 위해 세상의 수많은 기술을 모두 이해해야 한다는 강박에서 조금은 자유로워질 필요가 있다는 점도 깨닫게 됐어요. 기술에 얽매이다 보면 끝없이 쏟아져 나오는 테크놀로지의 홍수에 휩쓸리게 되어 오히려 더 큰 아이디어로 나아가지 못하는 경우가 많더라고요.

게다가 얼핏 화려해 보이는 신기술을 남들보다 빨리, 많이 안다고 해서 다가올 변화의 본질까지 꿰뚫어 볼 수 있는 것도 아니에요. 바람에 요란하게 흔들리는 나뭇잎에 시선이 붙잡히면 정작 나뭇잎을 흔드는 바람의 힘은 보지 못하는 것처럼 말이죠. 우리가 진짜 알아야 할 것은 하루가 다르게 변화하는 기술 자체가 아니라 그 변화를 만드는 본질을 파악하고 그에 대응하며 즐기는 방법일 테니까요.

결국 4차 산업혁명의 본모습을 제대로 보기 위한 가장 중요하고 본질적인 능력은 변화하는 세상 속에서 '연결'이 갖는 다양하고 깊은 의미를 충분히 이해하고 풍부하게 상상하는 힘이라고 생각해요. 정답을 찾는 일에 익숙한 우리는 '아, 연결이 답이구나!' 하면 그게 끝이라고 오해하기 쉽지만, 정작 중요한 것은 그 연결의 의미를 어떻게 해석하고 실제로 자기 삶에 활용할 것인가의 문제일 겁니다.

이 책은 새로운 세상 속 연결의 의미를 상상하는 데 영감을 줄 수 있는 여러 가지 이야기로 구성되어 있어요. 책을 다 읽고 난 뒤에는 따로 시간을 내어 공부하지 않더라도 4차 산업혁명을 이해하는 데 필수적인 최소한의 개념은 머릿속에 기억될 수 있도록 쓰고자 했어요.

먼저 1부는 새로운 세상을 움직이는 본질적인 힘을 세 가지 연결의 관점에서 이야기할 거예요. 아날로그와 디지털의 연결(아날로그×디지털), 까다로운 세상과 복잡한 세상의 연결 (까다로운×복잡한) 그리고 노드와 링크의 연결(노드×링크)인데 요. 연결 또는 초연결의 의미, 구조, 특징에 관해 기본 틀을 잡 을 수 있었으면 합니다. 조금은 어렵고 딱딱하게 느껴질 수 있 지만, 새로운 세상을 이해할 때 가장 기초가 되는 이야기에요.

2부는 제가 미국에 머물면서 만났던 일상 속 4차 산업혁명 에 관한 이야기에요. 공유경제, 빅데이터에서 시작해서 복잡 하게 연결된 세상의 매끄러운 연결과 커스터마이징이 왜 중 요한지, 새로운 세상에서 시행착오나 실패는 어떤 의미를 갖 는지, 당장 오늘부터 우리 일상과 연결할 수 있는 새로운 기 술에는 어떤 것이 있을지에 관한 고민이 담겨 있어요.

3부에서는 연결이라는 키워드를 중심으로 4차 산업혁명 시대에 가장 강조되는 창의력과 학습에 관해 이야기할 거예 요. 창의적인 아이디어는 어떻게 서로 연결되는지, 4차 산업 혁명에 관한 우리의 흩어진 지식을 이어 붙일 방법은 무엇인 지, 더 나아가 플랫폼 비즈니스와 네트워크 효과에 관해서도 언급하려 합니다. 언젠가 우리에게도 유레카의 순간을 가져 다줄 새로운 연결의 깊고 다양한 의미를 상상해보는 계기가 됐으면 좋겠습니다.

마지막으로 4부는 우리가 앞으로 나아갈 방향, 즉 우리의 오늘과 내일을 연결하는 이야기에요. 정답이 하나뿐이라는 생각에서 벗어나 현상의 이면을 보는 법, 연결된 세상에서 신뢰가 갖는 의미, 더 나아가 우리가 새로운 세상에서 즐겁게 살아야 할 과학적인 이유에 이르기까지, 예측 불가능한 세상을 살아갈 우리에게 필요한 마음가짐을 담았습니다.

이 책은 이렇게 네 부분으로 나뉘어 있지만 각 부의 경계는 매우 느슨하고, 모든 장은 서로 연결되어 있습니다.

여러 가지 이야기를 했지만, 결론은 독자 여러분이 이 책을 재미있게 읽을 수 있었으면 해요. 이 책이 세상에 나오는 순간부터 책에 담긴 내용은 오롯이 여러분의 것입니다. 각자 선별해 참고할 만한 부분은 기억하고 쓸데없는 부분은 과감하게 버려주세요. 견해와 가치관에 따라서 저와는 다른 생각을 하는 분들도 있을 거예요. 그런 분들은 언제든 저에게 생각을 들려주고, 더 나은 아이디어는 세상 모든 사람과 즐겁게 공유해주세요. 그렇게 스스로 학습하고 함께 고민하는 우리가 되기를 진심으로 기대하고 응원합니다. 가장 중요한 이야기는 여러분이 스스로 세상에 관한 새로운 시각을 만들어갈 지금부터 시작입니다.

마지막으로 이 책이 나오기까지 애써준 더난출판사 식구들, 저를 한 사람의 변호사로 바로 서게 해준 법무법인 태평양 TMT팀 식구들, 회사를 떠난 지금까지도 힘들 때면 가장 먼저 떠올리게 되는 KBS 라디오PD 선후배 동기들 그리고 저의 모든 영감의 원천인 가족들에게 감사와 사랑의 마음을 전합니다.

• 차례 •

누구도 볼 수 없었던,
보여주지 못했던

못 보던 세상 이제 시작이야.
무언가 보고 느끼고 경험하고 싶어.
누구도 볼 수 없었던, 보여주지 못했던.
_ W&Whale, 〈See The Unseen〉 중에서

♫♬ R.P.G Shine – W&Whale

혹시 SK브로드밴드의 〈See The Unseen(누구도 못 보던 세상)〉 광고를 기억하나요? 낯선 주문을 외우는 듯한 신비로운 느낌의 배경음악도, 열대우림에서 휴대전화가 하늘로 날아오르는 듯한 그래픽도 모두 매력적인 광고였어요. 특히 일렉트릭 밴드 더블유앤웨일W&Whale이 부른 로고송이 인상적이었죠. 제가 가장 좋아하는 광고이기도 합니다. 광고를 못 봤더라도 잠시 함께 생각해볼 수는 있을 거예요.*

누구도 볼 수 없었던 새로운 세상은 어떤 모습일까요? 아니, 그보다 어떻게 하면 우리는 바닷속 깊숙이 가라앉은 새로

운 세상의 본모습을 마치 보물선을 건져 올리듯 물 밖으로 꺼 낼 수 있을까요?

이 멋진 광고를 만든 광고인 박웅현은 '보는 것'의 힘을 이 야기합니다. 세상은 참을성 있는 관찰자에게 놀라운 비밀을 보여준다고 그는 말해요. 옛날 중국에서는 시인을 '보는 사람 見者'이라고 불렀는데, 볼 수 있다면 그 사람은 시인이 될 수 있 다는 의미라고 합니다. 박웅현은 우리에게 애정을 가지고 세 상을 보는 것이 중요하다고 강조하면서 『생각의 탄생 Spark of Genius』이라는 책에 나오는 한 구절을 소개합니다.

"보려면 시간이 걸려. 친구가 되려면 시간이 걸리는 것처럼."

『나의 문화유산답사기』의 저자 유홍준 명지대 석좌교수도 '아는 만큼 보인다'라고 말했어요. 우리는 흔히 이 말을 지식 이 중요하다는 의미로 이해합니다. 같은 여행지에서도 사람 마다 느끼는 감동이 제각각이듯, 많이 알면 그만큼 더 풍부하 게 보고 느낄 수 있다는 뜻으로 해석하죠. 맞는 말이지만, 여 기에는 좀 더 깊은 의미가 담겨 있는 것 같아요. 그가 조선 시 대 문인 유한준의 글을 인용해 서문에 적은 글귀를 음미해보

* www.youtube.com/watch?v=tuGQyfXoAQY& feature=youtu.be에 들어가 면 영상을 볼 수 있어요.

면 그 의미를 짐작할 수 있습니다.

"사랑하면 알게 되고, 알면 보이나니, 그때 보이는 것은 전과 같
   지 않으리라."

어떤가요? 두 분 모두 남들이 쉽게 보지 못하는 무언가를
보려면 무엇보다 먼저 관심과 애정을 쏟으라고 말하고 있어
요. 그러면 자연스럽게 알게 되고 비로소 보일 거라고요. 요즘
소위 말하는 '덕질'이 각광을 받는 이유이기도 합니다.
   우리는 모두 같은 세상을 보고 있지만 누군가는 무언가를
보고 누군가는 그냥 지나치고 말아요. 시력과는 전혀 관계없
는 이야기지요. 이분들의 이야기에 의하면 우리가 사랑에 빠
진 사람처럼 세상을 궁금해하고 알고 싶어 할 때 비로소 새로
운 세상은 비밀의 문을 살며시 열어줄 거예요.
   보는 것의 중요성과 관련해서 한 분만 더 이야기할게요. 웹
툰『송곳』의 작가 최규석입니다. 그는 『송곳』의 주인공 구고신
의 말을 빌려 이런 이야기를 합니다. "서 있는 곳이 바뀌면 보
이는 풍경도 달라진다"고요. 가슴이 아프면서도 멋진 말이에
요. 우리는 무의식적으로 자기가 서 있는 곳에서 보이는 풍경
이 세상 전부라고 믿는 경향이 있습니다. 저 또한 그렇겠지요.
   이런 오류를 범하지 않으려면 우리는 눈높이를 자주 바꿔

주어야 합니다. 눈높이를 바꾸는 가장 좋은 방법은 누군가를
또는 무언가를 사랑하고 이해하는 것이겠지요. 사랑한다는
것은 어쩌면 원래의 나라면 결코 생각하거나 볼 수 없었던 무
언가를 새롭게 보고 느끼는, 이전과는 전혀 다른 감각을 갖는
일인지도 모릅니다. 단순히 조금 더 많이 아는 것보다 훨씬
중요한 건 다른 관점을 갖는 일일 테니까요.

최규석의 웹툰 『송곳』
출처: comic.naver.com/webtoon

이른바 '4차 산업혁명'이라는 거대한 변화 앞에 선 우리의
모습도 크게 다르지 않습니다. 왜 누군가는 변화의 파도 속에

서 꿈틀거리는 기회를 찾아내는데 다른 누군가는 흔들리는 변화가 그저 어지럽기만 한 걸까요? 왜 많은 책을 읽고 여러 강의를 들으면서 나름대로 공부하는데도 세상의 변화가 전혀 그려지지 않는 걸까요?

그것은 바로 우리가 본질을 보지 못하기 때문이에요. 더 정확히 말하면 우리가 사느라 바빠서 눈앞에 보이는 현상에 집착하기 때문입니다. 잠도 푹 자고, 여행도 하고, 딴생각할 시간도 있어야 무언가에 관심을 두든, 사랑에 빠지든, 눈높이를 바꾸든 하지요. 게다가 상대는 지금 인공지능이니 사물인터넷이니 하는, 이름부터 거창한 테크놀로지로 중무장하고 있다면 사랑은커녕 가능하다면 근처에도 가고 싶지 않은 것이 솔직한 마음일 거예요.

쉬어갈 수 있다면 잠시 멈춰 서서 세상을 바라보라고 말하고 싶지만, 우리 모두의 하루하루는 그리 녹록지 않지요. 그런 여러분에게 운 좋게 잠시 쉬어갈 여유가 있었던 제가 먼저 본 새로운 세상의 이야기를 들려드릴게요. 여러분의 마음속에 새로운 세상에 대한 호기심과 애정이 싹트는 작은 계기가 될 수 있기를 바라면서요.

자, 시작해볼까요?

1부

새로운 세상을
움직이는 세 가지 힘

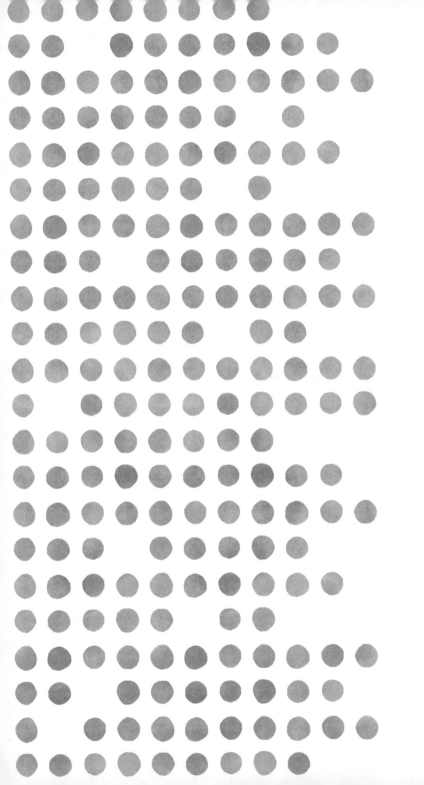

경계가 허물어진 곳에 꽃이 피듯
_ 아날로그×디지털

모든 경계에는 꽃이 핀다.
달빛과 그림자의 경계로 서서 담장을 보았다.
_ 함민복, 「꽃」 중에서

🎵 뷰티 인사이드 – 더 사운드트랙킹스

디지털 네이티브 vs 디지털 이민자

혹시 '알렉사Alexa'와 아는 사이인가요? 알렉사는 아마존에서
만든 인공지능AI 플랫폼의 이름입니다. '인공지능 플랫폼'이
라고 하면 왠지 거창하게 들리지만, 우리가 흔히 알고 있는
음성인식 인공지능 비서를 떠올린다면 훨씬 친근하게 느껴질
거예요.

앞으로 알렉사와 같은 인공지능 비서는 일정을 챙기고 업
무를 도와주는 것 외에도 우리의 건강 신호나 취향, 더 나아

가 일상에서 생산되는 모든 종류의 데이터를 수집해서 쉬지 않고 분석하게 될 거예요. 영화를 좋아하는 분들은 〈그녀^{Her}〉의 주인공 사만다가 떠오를 겁니다. 사랑에 빠질 만큼 매력적인 인공지능 사만다의 모습이 알렉사의 이상형이겠지요.

아직 한국에서는 알렉사를 많이 볼 수 없습니다. 그러나 현재 알렉사는 전 세계 인공지능 비서 시장의 약 70퍼센트를 차지할 정도로 큰 인기를 얻고 있어요. 저도 미국에 머무는 동안 알렉사와 제법 친해졌는데, 우리의 대화는 예를 들면 이런 식으로 이뤄졌어요.

나: 알렉사, 해리포터 좀 읽어줄래?

알렉사: 물론! 해리포터, 조앤 롤링 작품, 챕터 1…

나: 아, 알렉사. 미안한데 먼저 오늘 날씨부터 알려줘.

알렉사: 좋아. 오늘 월넛크릭 날씨는 구름 한 점 없이 맑고…

그러던 어느 날이었어요. 책을 빌려주려고 잠시 옆집에 들렀는데, 마침 초등학교 1학년인 장난꾸러기 동생이 말다툼하다가 형을 밀치는 바람에 벌을 받는 중이었어요. 잠시 아이를 자기 방에 혼자 있게 하는 미국식(?) 벌이었지요. 저는 거실에 앉아서 아이 엄마와 이런저런 이야기를 나누었는데, 우연히 동생 방에서 조그맣게 새어 나오는 목소리를 들었습니다.

동생: 알렉사, 왜 형들은 동생을 괴롭히는 걸까?

너무나 귀여운 모습이었습니다. 저는 아이와 알렉사가 이어갈 다음 대화의 내용이 몹시 궁금했지만, 아이의 프라이버시 보호를 위해 간신히 호기심을 잠재웠어요. 대신에 그날 저는 그동안 막연하게 머릿속으로 그려온 **디지털 네이티브**digital native'의 실제 모습을 만났습니다. 아마도 디지털 네이티브는 '사람이 아닌 인공지능과도 자연스럽게 정서적 교감을 나누는 새로운 세대'가 아닐까 싶어요.

저는 새로운 세상을 보는 첫 번째 키워드로 '아날로그×디지털', 즉 아날로그와 디지털의 연결을 골라봤어요. 그 의미를 이야기하기 전에 먼저 디지털 네이티브라는 말을 잠시 살펴볼까요? 이 말은 교육학자 마크 프렌스키Marc Prensky가 「디지털 네이티브, 디지털 이민자Digital Native, Digital Immigrants」라는 논문에 소개하면서 사람들에게 알려지기 시작했어요.

프렌스키는 이 세상을 살아가는 우리를 크게 두 부류로 나눌 수 있다고 말해요. 하나는 태어날 때부터 일상에서 개인용 컴퓨터와 휴대전화, 인터넷 등 디지털 기기를 자연스럽게 사용해온 디지털 네이티브 세대이고요. 다른 하나는 아날로그 환경에서 태어났지만 이후 학습을 통해 디지털 기기의 사용법을 배우고 익힌 **디지털 이민자**digital immigrants 세대예요.

디지털 네이티브 세대는 마치 모국어를 구사하듯 자연스럽게 디지털 환경을 활용하는 사람들이에요. 반면에 디지털 이민자 세대는 디지털 언어를 어느 정도 구사할 수 있지만, 우리가 제2외국어를 구사할 때와 마찬가지로 아날로그의 성향이 남아 있다고 합니다. 예를 들면 이런 것들이죠.

◈ 글을 읽을 때는 컴퓨터 모니터보다 인쇄된 종이가 편하다.
◈ 이메일을 보낸 후에는 "이메일 잘 받으셨죠?"라고 확인 전화를 건다.
◈ 디지털 기기를 처음 접할 때 실제로 쓰면서 배우기보다 안내서를 통해 익힌다.

이 기준에 따르면 여러분은 디지털 네이티브 세대인가요, 디지털 이민자 세대인가요? 어느 쪽이든 좋아요. 지금부터 제가 하고자 하는 이야기는 그 둘을 구분하는 것에 관한 내용은 아니니까요. 디지털 네이티브라는 말을 소개한 프렌스키를 포함해 많은 사람이 오늘날 우리가 살아가는 이 세상이 아날로그에서 디지털로 대전환할 거라고 말해요. 아날로그 세상이 저물고 디지털 세상이 열리는 일종의 '**패러다임 전환**'이 일어날 거란 전망이에요.

특이점

과감한 변화와 혁신이 필요할 때 우리는 흔히 '패러다임을 바꿔야 한다'고 말하죠. 이 패러다임이란 말은 원래 과학자 토머스 쿤Thomas Kuhn이 『과학 혁명의 구조The Structure of Scientific Revolutions』라는 책에서 처음으로 사용했어요.

쿤은 이 책에서 과학 발전이 이뤄지는 과정을 자세히 분석하고 있는데요. 과학의 진보는 그동안의 연구 성과 위에 새로운 지식이 쌓여가는 과정이 아니라고 말해요. 그보다는 이제까지의 연구로는 도저히 설명할 수 없는 문제들이 '불규칙'이나 '예외'라는 이름으로 쌓이고 쌓이다가 어느 순간 완전히 다른 생각을 통해 해결되는, 대단히 혁명적인 과정이라고 하죠. 이때 등장하는 획기적인 생각이 바로 '새로운 패러다임'입니다.

결국 과학의 진보는 기존 패러다임, 즉 그동안 사람들의 머릿속에 뿌리 깊이 자리한 사고 체계의 근본이 흔들리고 깨지는, 대단히 파괴적인 과정이라 할 수 있어요. 우리가 잘 아는 **코페르니쿠스 혁명**이 대표적인 예이죠. 코페르니쿠스 시대의 사람들은 대부분 고대 천문학자 프톨레마이오스로부터 이어진 이른바 '천동설'을 진리로 믿고 있었어요. **천동설**이란 우주의 중심에는 지구가 있고, 우주의 끝에는 천구라고 불리는 일종의 원형 돔이 있어서 이를 따라 별들이 원운동을 한다는 생각이에요.

이런 생각은 당시 권력의 중심이었던 가톨릭교회의 교리를 뒷받침하는 데 매우 유용했을 뿐 아니라 밤하늘을 바라보는 일반인의 소박한 상식이나 직관과도 맞아떨어졌어요. 그 때문에 아주 오랫동안 사회의 지배적인 패러다임으로 자리할 수 있었습니다.

그러나 천동설은 설명하기 어려운 여러 가지 문제들을 갖고 있었어요. 예를 들면 어떤 별은 어느 순간까지 앞으로 나가다가 갑자기 천구 위에 멈춰 서거나, 심지어 뒤로 후퇴하기도 했지요. 천문학자들은 이런 현상을 기존의 사고 체계에 맞추어 설명하기 위해 천구 위에 '주전원epicycle'과 같은 예외적인 궤도를 끌어다 붙이는 방식으로 이론의 허점을 메워야 했어요.

그러다가 16세기 초, 폴란드 신부이자 천문학자인 코페르니쿠스는 하늘에 수많은 궤도가 그려지는 복잡한 우주는 조화로운 신의 섭리에 어울리지 않는다는 생각에 이르게 돼요. 그는 밤하늘 별들의 운동을 단순하고 아름답게 설명할 수 있는 우주의 형태를 찾아 고민하고 관찰한 끝에 모든 별은 태양을 중심으로 움직이고 우주의 중심은 태양이라는, 당시로써는 정말이지 말도 안 되는 결론을 이끌어내죠. 이것이 바로 우리가 알고 있는 '지동설'이에요.

당시 사람들은 당연히 코페르니쿠스의 주장을 받아들이지 않았어요. 지동설은 그 시절의 지배적인 패러다임인 천동설에 밀려 코페르니쿠스의 생전에는 거의 빛을 보지 못했습니다. 게다가 그의 이론은 오늘날 우주를 설명하는 방식과도 매우 달랐어요.

현재 우리가 일반적으로 받아들이는 천체의 형태는 망원경을 직접 만들어 실제 별들의 움직임을 관측하고 기록했던 갈릴레오 갈릴레이나, 별들의 움직임이 타원 궤도를 이룬다는 사실을 발견한 천문학자 요하네스 케플러Johannes Kepler, 여기에 만유인력의 법칙과 미적분의 원리를 통해 별들의 타원 궤도를 증명한 아이작 뉴턴의 업적 등이 쌓이고 쌓여 비로소 탄생했어요.

그렇다면 우리는 왜 이런 일련의 과정을 '코페르니쿠스 혁명'이라고 부르는 걸까요? 이유는 간단합니다. 우주의 중심이 지구가 아닌 태양이라는 생각, 그 생각이 바로 가장 위대한 패러다임의 전환이었으니까요.

4차 산업혁명 시대에 접어들면서 많은 과학자가 패러다임의 전환을 이야기합니다. 『특이점이 온다The Singularity Is Near』라는 책을 쓴 미래학자 레이 커즈와일Ray Kurzweil이 대표적이에요. '특이점singularity'은 원래 천체물리학에서 '블랙홀 안에 있는 무한대의 밀도와 중력을 가지는 한 점'을 뜻해요. 커즈와일은 이 용어를 '기술 변화의 속도가 매우 빨라지고 그 영향력도 대단히 커져서 인간의 삶이 되돌릴 수 없을 정도로 완전히 변화하는 패러다임 전환의 시점'을 뜻하는 말로 사용합니다.

커즈와일의 주장에 따르면 현재 우리 사회에서 나타나는 패러다임의 전환 정도를 그래프로 표현하면 그 속도가 기하급수적이다 못해 거의 수직에 가까운 형태로 진입하는 단계에 접어들고 있어요. 세계경제포럼 회장인 클라우스 슈밥Klaus Schwab을 비롯한 많은 학자가 상상도 못 할 거대한 변화를 이야기하는 것도 같은 맥락입니다.

레이 커즈와일이 말하는 우리 사회의 패러다임 전환 정도

초연결사회

지금 우리에게 중요한 것은 미래의 패러다임이 무엇이냐 하는 질문이겠지요. 저는 앞으로 우리가 직면하게 될 새로운 시대의 패러다임은 간단히 말하면 '**초연결**hyperconnectivity'이라고 생각해요.

초연결이란 시간과 공간을 초월해 사람과 사람, 사물을 연결하고 지식과 지식이 연결되어 세상 모든 것에 대한 정보가 지능적으로 모이고 공유되며 분석되는 현상을 말하는데요. 이것이 가능해지는 세상이 바로 **초연결사회**입니다.

초연결사회는 시간과 공간을 압축하고 파괴하면서 놀라운 속도를 만들어내는 것이 특징이죠. 이러한 사회는 첨단 기술이 혜성같이 등장해 이전의 세상을 완전히 대체하면서 실현되는 것이 아니라, 우리가 흔히 보던 평범한 것들이 첨단 기술을 통해 완전히 새로운 방식으로 연결되면서 실현되고 있다는 점을 이해하는 것이 중요해요.

이런 초연결 상태를 제대로 이해하려면 무엇보다도 디지털이 아날로그를 대체할 거라는 식의 이분법적 사고를 극복할 필요가 있어요. 우리는 스스로 인식하지 못하는 사이에 새롭게 등장한 것들이 기존의 낡은 것들을 대체할 거라고 전제합니다. 하지만 새로운 세상의 모습은 마치 블록 판 위에 쌓아올리는 레고 블록과 비슷해서, 이전의 시대를 대체하기보다는 빈틈을 매우며 층을 높여간다고 보는 편이 더 적합하거든요. 우리가 4차 산업혁명이라고 부르는 새로운 기술의 모습을 보더라도 그렇습니다. 사람들이 미처 눈치채지 못할 만큼 자연스럽게 아날로그와 디지털을 결합하는 데 그 비결이 숨어있어요.

MIT 미디어랩의 설립자이자 우리 시대 디지털 전도사로 불리는 니컬러스 네그로폰테Nicholas Negroponte는 『디지털이다Being Digital』라는 책으로 유명하죠. 이제는 이 분야의 고전이 된 이 책에서 그는 '아톰atom'으로 대표되는 아날로그의 시대가 가고 세상 만물이 디지털로 통합되는 '비트bit'의 시대가 올 것이라는 큰 그림을 보여주었어요.

그동안 우리는 실제로 발을 딛고 손으로 만지면서 살아가는 물질적인 세계의 토대 위에서 문화를 꽃피우고 일상을 꾸려왔어요. 하지만 앞으로는 아날로그 세상의 모든 데이터가 순식간에 디지털로 변환되는 가상의 세계에서 살아가게 되리라 예측한 거죠. 이 책이 나온 지 20년도 넘었으니, 그의 시대를 읽는 눈이 얼마나 앞섰는지는 더 말할 필요도 없을 거예요.

재미있는 것은 아직도 아날로그 시대가 가지 않았다는 점이에요. 오히려 **'아날로그의 반격'**이라는 말이 생길 정도로 아날로그의 영향력이 커지고 있어요. 디지털카메라 시대에 필름 카메라의 판매량이 꾸준히 늘어난다거나, 디지털 음원 시대에 엘피^{LP} 음반이 사랑받는 식으로 말이에요. 이런 흐름을 볼 때, 지동설이 천동설을 대체하듯 디지털 환경이 아날로그 세상을 완전히 대체하는 일은 일어나지 않을 수도 있겠다 싶어요.

대시버튼, 예측 배송, 길찾기

아날로그와 디지털이 새롭게 연결되는 간단한 예를 들어볼 까요? 여러분은 혹시 아마존의 **대시버튼**Dash Button 서비스를 이 용해본 적이 있나요? 한국에는 아직 아마존 서비스가 제공되 지 않지만, "미국에서는 전체 가구의 44퍼센트가 권총을 소 유하고 있고, 52퍼센트는 **아마존 프라임** 서비스를 이용한다" 라고 말할 정도로 아마존 이용률이 높아요. 이는 뉴욕대학 경 영대학원 교수인 스콧 갤러웨이Scott Galloway의 말인데요. 아마 존에서 제공하는 프라임 서비스를 이용하는 사람들이 그만큼 많다는 이야기지요. (아마존 프라임 서비스는 주문 후 이틀 이내에 물건을 배송받을 수 있는 유료 프리미엄 서비스예요. 한국에서도 한밤 중에 주문하면 다음 날 아침에 배송해주는 신선식품 전문 몰 마켓컬리 가 인기를 얻고 있죠.)

물론 프라임 서비스를 이용하지 않아도 얼마든지 아마존을 이용할 수 있어요. 영리한 아마존은 사람들에게 대시버튼이라는 작은 스틱을 사실상 무료로 나눠주고 있는데요. 예를 들면 이런 식이에요. 개당 가격이 4.99달러, 우리 돈으로 5000원이 조금 넘는 이 대시버튼으로 어떤 물건이든 처음 구매하는 사람에겐 정확히 이 가격만큼 물건값을 할인해줍니다. 결국 대시버튼 값은 받지 않는 셈이에요.

제품별로 하나의 대시버튼이 있고 버튼 뒷면에는 자석이 달려있어서 냉장고나 세탁기에 붙일 수 있어요. 고양이 사료가 떨어졌을 때, 건전지가 필요할 때, 도넛이 먹고 싶을 때, 이 대시버튼의 하얀 동그라미를 꾹 누르기만 하면 곧바로 미리 세팅된 내용으로 주문부터 결제까지 모두 처리되어요. 컴퓨터를 켜고, 상품을 검색하고, 카드번호를 입력하고, 주소를 넣는 등의 모든 절차가 생략되는 거죠.

사람들은 이 과정에서 디지털이니, 사물인터넷 기술이니 미처 느낄 새도 없어요. 디지털도, 사물인터넷 기술도 모두 아날로그 환경 속으로 자연스럽게 스며들어버립니다. 아마존 대시버튼을 통해 우리는 아날로그 세상에서 단 한 발자국도 벗어나지 않고 디지털의 편리함을 누릴 수 있는 거예요.

처음 아마존에서 대시버튼 서비스를 발표했을 때, 사람들은 아마존이 만우절 농담을 한다고 생각했어요. 그만큼 단순하고 엉뚱한 서비스였다는 뜻이죠. 아마존은 한 걸음 더 나아가, 빅데이터와 인공지능 기술을 이용한 '**예측 배송**' 서비스를 제공하겠다고 발표했어요. 이것은 또 무슨 서비스일까요?

생각해보면 대시버튼이든 뭐든 간에 주문한 상품을 실제로 배송받기까지는 일정한 시간이 걸립니다. 예측 배송 서비스는 누구나 당연하다고 생각하는 이 시간조차도 단축해서 연결의 속도를 극대화하겠다는 계획이에요. 빅데이터와 인공지능 기술로 고객의 필요를 미리 분석해서 사람들이 물건을 주문하려고 할 때쯤 알아서 문 앞에다 상품을 가져다 놓겠다는 겁니다. '건전지 주문해야겠다!' 하는 순간, 아마존에서 미리 보낸 박스를 열어서 '건전지가 들어있네! 이거 그냥 쓰자!'라고 하도록 만들겠다는 거죠.

다소 엉뚱한 것 같나요? 그런데 일단 이 시스템에 익숙해지면 며칠을 기다려 물건을 받는 것도 참을 수 없을 만큼 지루하게 느껴질 수 있어요. "인간의 습관은 본성보다 빨리 변한다"라고 했던 역사학자 찰스 길레스피Charles Gillespie의 말처럼 말이에요.

예측 배송은 아직 시작되지 않은 서비스인 만큼, 스스로 판매자가 되어 자유롭게 상상의 나래를 펼쳐 본다면 이렇습니다. 사물인터넷 기술을 이용해 우유의 유통기한이 다 되어가는 신호를 감지하면 신선한 우유의 배송을 시작할 수 있을 테고, 탁상시계 건전지의 잔량이 일정 수준, 예를 들어 10퍼센트 이하가 되면 필요한 크기의 건전지를 배송할 수도 있겠지요. 물론 3D프린팅 기술이 지금보다 더 발달할 미래에는 필요한 물건 대부분을 아예 집에서 직접 프린트해서 사용할 수 있을 테니, 이런 서비스조차 역사 속으로 사라질 겁니다.

한편 미국에서 대다수 사람이 즐겨 이용하는 구글 서비스 중에는 '**길찾기**' 서비스인 구글 맵 기능이 있어요. 아날로그와 디지털이 그야말로 절묘하게 결합하는 분야가 바로 구글 맵이죠.

자신이 갈 곳을 입력하고 구글 맵을 실행한 뒤 실제로 길을 걷기 시작하면, 나의 발걸음에 맞춰서 정확히 내가 언제 어디서 어떻게 방향을 꺾어야 하는지, 어느 지점에서 어느 입구를 통해 지하철을 타야 하는지, 지금 이 상황에서 우버나 리프트 서비스를 이용하면 얼마나 빨리 갈 수 있는지, 요금은 얼마나 차이가 나는지, 아니면 이쯤에서 자전거를 타면 또 얼마나 걸릴지…. 그야말로 걷는 동안 내게 필요한 모든 정보를 나의 움직임에 정확히 연결해서 안내해줍니다. 한마디로 내가 실제로 발걸음을 내딛는 아날로그 상황 속에 실시간으로 디지털 기술이 스며들도록 하는 거죠.

미국에서 오랫동안 생활하다가 귀국한 사람들이 가장 불편하게 여기는 것 중 하나가, 한국에서 제공되는 길찾기 서비스

중에는 구글 맵만큼 아날로그와 디지털을 자연스럽게 연결하는 서비스를 찾기 어렵다는 점이 아닐까 싶어요. 카카오나 네이버 등에서 길찾기 서비스를 제공하고 있지만 아직은 편리함과 자연스러움 면에서 구글 맵과 격차가 느껴지는 것이 사실입니다.

조금 다른 예도 들어볼게요. 제 동생은 건축 설계를 하는데, 뉴욕에서 공부하면서 도시 설계에도 관심을 두게 됐어요. 그때 동생이 설계한 프로젝트 중 하나를 소개해볼게요. **스마트패스**Smart Path라는 프로젝트예요. 간단히 말하면 사람들이 뉴욕 시내를 걸으면서 실제 눈높이에서 보게 되는 하늘의 크기, 나무의 개수, 건물의 개수, 심지어 소음의 정도까지 그야말로 주변의 모든 것을 빅데이터로 전환해서, 어느 길을 따라 어떻게 걸으면 목표한 곳까지 가장 행복한 도보 경험을 할 수 있는지를 연구한 재미있는 프로젝트죠.

이제까지 구글 등의 회사가 제공하는 맵 서비스는 빠르고 경제적인 길을 안내하는 방식이었다면, 동생은 빠르지는 않더라도 행복한 경험을 할 수 있는 길을 안내하는 방식으로 새로운 연결을 시도한 거죠. 좋은 경치를 바라볼 수 있거나, 조용히 걸을 수 있는 길을 안내하는 식으로요. 동생은 이 프로젝트를 위해 뉴욕시에서 제공하는 공공 데이터를 이용했는데, 건물이나 신호등, 심지어 길가에 서 있는 나무 한 그루에도 모두 위도와 경도가 포함된 위치 정보가 담겨 있었다고 해요. 덕분에 이 데이터들을 모두 긁어모아 파이썬 등 프로그래밍 언어를 활용해 분석해서 프로젝트를 완성할 수 있었던 거죠.

동생이 수업 시간에 이 프로젝트를 발표한 후 어떤 일이 벌어졌을까요? 어떻게 알았는지 구글에서 카우트 제의를 받았습니다! 구글이 이렇게 무섭더라고요. 농담을 조금 섞었지만, 저는 앞으로 길찾기와 관련한 서비스들이 어디까지 업그레이드될지 많이 궁금합니다.

아날로그와 디지털의 융합

길찾기 서비스가 그렇듯 앞으로 아날로그와 디지털의 경계는 더욱 모호해질 거예요. 저는 이 경계를 얼마나 자연스럽게 넘나드느냐가 바로 4차 산업혁명의 핵심이라고 생각해요. 제가 생각하는 4차 산업혁명은 화려한 디지털 기술의 총체가 아니라 아날로그와 디지털을 새로운 방식으로 매끄럽게 연결하는 아이디어 그 자체예요. 그런 의미에서 새로운 세상을 움직이는 첫 번째 힘은 아날로그와 디지털의 새로운 연결(아날로그×디지털), 조금 딱딱한 말로 설명하면 아날로그와 디지털의 '**융합**convergence'입니다.

그동안 우리는 1, 2차 산업혁명을 통해 우리가 살아가는 아날로그 세상을 정교하게 업그레이드했어요. 그리고 3차 산업혁명을 통해 디지털이라는 가상의 세계를 상상 이상으로 업그레이드했고요. 이미 시작된 4차 산업혁명은 아날로그와 디지털의 경계를 허무는 과정일 거예요. 그림으로 표현하면 4차 산업혁명은 아날로그와 디지털이 교차하는 곳에 있어요. 그래서 4차 산업혁명의 다른 이름은 '융합 혁명'입니다.

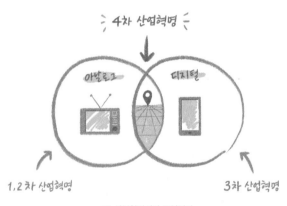

4차 산업혁명이란 무엇인가

앞서 이야기한 디지털 이민자는 말할 것도 없고, 디지털 네이티브 세대조차도 아날로그 세상으로부터 완전히 단절되어 살아가기는 어려울 거예요. 적어도 당분간은 말이에요. 그러니 우리 세대와 다음 세대가 살아가는 세상에서는 디지털과 아날로그가 연결되는 바로 그 경계에 시원한 물이 흐르고 아름다운 꽃이 피어나고 달콤한 열매가 열리지 않을까요?

#알렉사 #아마존 #인공지능 플랫폼 #디지털 네이티브 #디지털 이민자 #패러

다임 전환 #코페르니쿠스 혁명 #특이점 #새로운 연결, 초연결, 초연결사회 #

아날로그의 반격 #대시버튼 #아마존 프라임 #예측배송 #길찾기 #아날로그×

디지털 #융합, 컨버전스, 융합 혁명

언제는 세상이 단순했다고…

_ 까다로운 × 복잡한

나는 복잡성 이전의 단순성에 대해서는 조금도 관심이 없다.
하지만 복잡성을 넘어선 단순성을 위해서라면 목숨도 내놓겠다.
_ 올리버 홈스

🎵 **Cayman Islands - 킹스 오브 컨비니언스**

팡

글로벌 IT 기업의 '빅4'라는 말을 들어본 적 있나요? 흔히 구글, 아마존, 애플, 페이스북을 '빅4'라고 부르는데요. 여기에 하나의 기업을 더한다면 많은 사람이 넷플릭스를 이야기해요. 미국에서는 빅4와 넷플릭스를 하나로 묶어 '팡FAANG(머리글자를 땄습니다)'이라고 부르기도 하죠. 팡 주식은 나스닥 시장의 상승세를 이끌어온 대표 주자들이기도 합니다.

　사실 넷플릭스는 빅4와 비교해 매우 규모가 작은 회사예요.

시가총액 면에서 세계 5위권을 유지하는 빅4와는 달리 넷플릭스는 시가총액 50위권에 머물고 있죠. 하지만 넷플릭스는 미국에서도 '실리콘밸리의 DNA'를 담고 있는 기업이라고 평가받을 만큼 세상을 보는 뛰어난 감각을 자랑하는 회사입니다. 그런 넷플릭스가 오늘날 기업들이 겪는 리스크를 분석한 내용을 잠깐 볼까요?

"기업이 성장하면 할수록 회사의 복잡성은 증가하는 반면에 뛰어난 성과를 내는 인재는 줄어드는 것, 이것이야말로 오늘날 기업의 가장 큰 리스크 중 하나입니다."

복잡성

여러분은 넷플릭스가 말하는 '복잡성'의 의미를 이해하고 있나요? 앞서 새로운 세상을 움직이는 키워드로 초연결사회를 이야기하면서, 그 첫 번째 힘으로 아날로그와 디지털의 연결을 이야기했는데요. 그만큼이나 중요하고도 본질적인 힘은 바로 '복잡성'이에요. 세상이 연결되면서 놀라운 속도로 복잡해진다는 거죠. 지극히 당연한 소리 같고 한편으로 맥 빠지는 이 말의 뜻을 제대로 이해하는 사람은 그리 많지 않아요. 지금부터 설명할 내용은 조금 어려울 수 있으니 마음을 단단히 먹어주세요.

넷플릭스가 본 기업의 리스크
출처: 테크크런치

'복잡하다'라…. 지금까지 우리가 살아온 세상도 충분히 복잡한데 여기서 뭐가 더 복잡해진다는 걸까요? 복잡하다는 말은 우리가 일상적으로 사용하는 말이기도 해서, '세상이 그저 좀 더 복잡해진다는 이야기겠지'하고 무심코 지나쳐버리는 사람들이 대부분입니다. 하지만 결론부터 말하면, 복잡하다는 말에는 우리가 일상적으로 사용하는 의미보다 훨씬 깊은 뜻이 담겨 있어요.

과학자들이 말하는 '**복잡성**complexity'은 그야말로 너무나 복잡하고 어려운 개념이죠. 우리는 아직 복잡성에 관한 명쾌한 정의조차 갖고 있지 못한 실정이에요. 하필 새로운 세상을 움직이는 본질적인 힘이 이렇게 어려운 개념이다 보니, 우리가 다가올 미래 앞에서 더욱 막막해지는 것 같기도 해요. 조금 돌아가더라도 복잡성의 의미를 체계적으로 이해하기 위해서는 그동안 우리가 세상을 보고 이해해온 방식부터 살펴볼 필요가 있어요.

환원주의와 복잡성 과학

불과 몇십 년 전으로 거슬러 올라가 볼까요. 과학자들은 우리를 둘러싸고 있는 세상을 가능한 한 잘게 쪼갰어요. 그런 다음 단순해진 조각들을 정밀하게 분석하기만 하면, 언젠가 이 조각들을 퍼즐처럼 끼워 맞춰서 우주 전체를 이해할 수 있을 거라고 믿었어요. 이런 믿음을 우리는 '**환원주의**reductionism'라고 부릅니다.

환원주의는 20세기 과학적 연구를 이끌어온 가장 강력한 원동력이었어요. 복잡계 네트워크 이론의 대가인 물리학자 앨버트 바라바시Albert Barabasi는 『링크Linked』라는 책에서 환원주의에 대해 이렇게 말하죠.

"혹시 아이가 아끼는 장난감을 분해하는 것을 본 적이 있습니까? 그러고는 조각들을 다시 원래대로 결합할 수 없다는 사실을 깨닫고 우는 걸 본 적이 있습니까? 실은 여기에 우리가 흔히 간과하는 중요한 비밀이 숨어있습니다. 우리는 지금 세계를 분해해놓고 그것을 어떻게 결합해야 할지 알지 못하고 있어요. 지난 세기 동안 우리는 수조 달러의 연구비를 들여 자연을 분해해왔지만, 앞으로 우리가 어떤 방향으로 나아가야 할지는 작은 단서조차 갖고 있지 못하다는 사실을 이제 인정해야 합니다."

그는 이야기를 이어갑니다.

"우리는 그동안 세계를 그것의 구성 성분들을 통해 바라보도록 강요당했습니다. 부분을 이해하면 전체를 이해하기가 훨씬 쉬워질 것이라는 가정이 깔렸었지요. 우리는 세계를 이해하기 위해 원자나 초끈superstring을, 생명을 이해하기 위해 분자를, 복잡한 인간 행동을 이해하기 위해 개별 유전자를 연구하도록 훈련을 받아왔습니다. 그러나 이런 환원주의를 따라가다 보면 우리는 복잡성이라는 견고한 벽에 부딪히게 됩니다. 복잡한 시스템에서는 구성 요소가 서로 결합하는 방식이 너무 많아서 그 결합 방식을 모두 시험해보는 데 족히 수십억 년은 걸릴 겁니다."

실제로 우리가 이른바 4차 산업혁명을 이해하기 위해 습관적으로 취하는 방법을 살펴보면 미처 깨닫지 못하는 사이에 4차 산업혁명을 잘게 분해하고 있음을 알 수 있어요. 4차 산업혁명을 나누고 쪼개어 그 구성 요소인 빅데이터, 인공지능, 사물인터넷, 로봇공학 등이 나타나면 이제 그 기술들을 각각 정밀하게 분석하기 시작해요. 그리고 언젠가 우리가 각각의 세부 기술을 모두 이해하게 되는 날에는 그 기술들의 조각을 퍼즐처럼 끼워 맞춘 4차 산업혁명도 저절로 이해할 수 있을 거라고 믿죠.

현재 우리의 사고는 간단히 말해 '일단 쪼갠 후 다시 조립하는' 방식으로 굳어져 있어요. 지금까지는 이 방식이 세상을 이해하는데 제법 잘 통했어요. 조각을 끼워 맞추는 과정이 그다지 어렵지 않았기 때문이죠. 그런데 20세기 후반에 이르러 몇몇 과학자들은 이렇게 분해한 조각들을 끼워 맞추는 방식으로는 전체의 모양을 파악하기 어려운 특별한 시스템들을 발견합니다. 멀리 갈 것도 없이, 우리가 매일 만나는 날씨, 쉴 새 없이 등락을 반복하는 주식시장, 생각하면 마음이 답답해지는 교통체증 등이 모두 복잡한 시스템의 예죠.

과학자들은 이렇게 부분이나 요소를 이해하더라도 전체를

설명할 수 없는 시스템을 '**복잡계**complex system'라고 이름 붙이고 이에 관한 연구를 시작했어요. 우리에게 잘 알려진 정재승 카이스트 교수의 『정재승의 과학 콘서트』는 복잡계 과학 또는 복잡성 과학이라고 불리는 이 분야를 쉽고 재미있게 설명하는 책이에요.

까다로운 세상 vs 복잡한 세상

복잡계 과학자들은 이야기합니다. 세상엔 '까다로운' 시스템과 '복잡한' 시스템이 있다고요. 조금 더 풀어서 말하면 우리는 지난 1차 산업혁명에서부터 3차 산업혁명에 이르기까지, 단순한 세상을 까다로운 세상으로 업그레이드하는 데 주력해왔어요. 더 어려운 학문, 더 정밀한 기술, 더 정교한 시스템을 만들면서 역사를 발전시켜온 셈이에요. 반면에 우리가 앞으로 4차 산업혁명을 통해 만들어갈 세상은 이제까지의 까다로운 세상을 복잡한 세상으로 업그레이드하는 과정이 될 거예요.

도대체 까다로운 것은 뭐고 복잡한 것은 뭘까요? 이 둘을 비교할 때 자주 드는 예가 있는데, 간단히 말하면 이렇습니다. 우리가 항공기를 만든다고 생각해봅시다. 항공기를 설계하고 조립하는 것은 대단히 어렵고 까다로운 일이에요. 숙련된 전문가가 아니면 할 수 없는 일로서, 많은 경험과 지식이 필요합니다. 그렇지만 일단 우리가 어렵게라도 항공기 만드는 법을 터득하면, 그때부터는 예측에 따라 항공기를 설계할 수 있고 정해진 절차에 따라 반복적으로 똑같이 항공기를 제작할 수도 있습니다. 덕분에 우리는 놀랍도록 안전하게 항공기를 타고 전 세계를 두루 오갈 수 있지요.

제트엔진이나 인공심장도 마찬가지에요. 이들은 모두 대단히 까다롭게 만들어지지만, 우리는 기술로 그 과정과 결과를 충분히 통제할 수 있어요. 이런 분야에서는 그동안 우리가 사용해온 쪼갠 다음 조립하는 방식이 놀라울 만큼 잘 통해왔습니다.

그러나 복잡한 시스템은 다릅니다. 우리가 오늘의 일기예보가 맞았다고 해서 내일의 일기예보도 정확할 거라 믿을 수 없는 것처럼, 이 시스템은 예측하고 이해하기가 너무나 어렵습니다. 복잡계 과학자이자 마이애미대학 물리학과 교수인 닐 존슨Neil Johnson은 복잡성을 이렇게 설명합니다.

"피자 만들기는 까다로운 일이지만 복잡한 일은 아닙니다. 그러나 만일 피자를 만들면서 동시에 자동차 타이어 교체와 세금 정산을 해야 하고, 각각의 업무는 다른 두 업무의 진전 상황에 따라 밟아야 하는 절차가 달라진다고 해보세요. 이때 비로소 복잡성이 발생합니다."

조금 어려운가요? 존슨의 이야기는 시스템 내의 구성 요소 하나하나는 복잡하지 않더라도, 그 구성 요소들이 독립적으로 존재하지 않고 서로 연결되어 영향을 미치면 전체 시스템이 복잡해진다는 뜻이에요. 즉 시스템 내의 구성 요소들이 서로 연결되어 상호작용을 하면, 그 연결과 상호 피드백 또는 피드포워드feedforward가 일어나는 경우의 수가 폭발적으로 늘어나기 때문에 최종적인 결과를 예측하기가 대단히 어려워진다는 의미에요.

나비 효과, 자기조직화, 창발

여러분도 한 번쯤 들어봤을 '**나비 효과**butterfly effect'는 이렇게 복잡한 세상이 움직일 때 나타나는 현상 중 하나입니다. 나비 효과라는 말은 원래 기상학자 에드워드 로렌츠Edward Lorenz의 강연 제목인 〈예측 가능성: 브라질에 사는 나비의 날갯짓이 텍사스에 토네이도를 일으킬 수 있겠는가?〉에서 유래했어요. 꽤 멋진 제목이에요.

로렌츠가 나비 효과를 처음 발견한 1960년대로 거슬러 올라가 볼게요. 그는 복잡하게 움직이는 대기의 순환을 예측하기 위해서 기온과 기압, 풍속 등에 관한 여러 방정식을 컴퓨터에 프로그래밍한 후 값을 대입하고 결과를 살펴보고 있었다고 해요. 그러다가 결과 그래프만 다시 출력하고 싶어서 처음 입력했던 값의 근사치, 즉 소수점 넷째 자리 이하를 생략한 값을 입력했어요. 소수점 넷째 자리 이하를 생략한 정도면 '거의' 정확한 값이니 당연히 결과값도 엇비슷하리라고 생각했던 거죠.

그런데 출력된 그래프의 모양은 어땠을까요? 짐작하겠지만, 처음 출력한 모양과는 전혀 다른 그래프였답니다. 이 사실에 대해 누구보다도 로렌츠 자신이 가장 놀랐겠지요. 방정식에 대입한 값의 아주 사소한 차이 그리고 이로 인해 발생한 구성 요소 사이의 미묘하게 다른 연결 방식이 결과적으로 전혀 다른 최종값을 만들었던 거죠.

로렌츠는 이때의 경험을 토대로 대기 현상을 예측할 땐 아무리 사소한 초기값의 변화도 시간 경과에 따라 무작위에 가까운 결과값의 차이를 불러올 수 있으므로, 먼 미래의 일을 예측하는 일기예보는 본질적으로 불가능에 가깝다는 결론에 이르게 됩니다.

인간의 면역체계라든가 열대우림, 금융시장은 그런 의미에서 모두 복잡한 시스템입니다. 이런 복잡한 시스템은 구성 요소를 서로 연결하는 보편적 연결 법칙이라고 할 수 있는 '**자기조직화**^{self-organization}' 능력이 있고, 개별적인 구성 요소에는 없던 능력이 서로 연결되면 새롭게 나타나는 '**창발**^{emergence}' 현상도 나타나는데요. 안타깝게도 우리는 아직 그 비밀을 풀지 못했습니다.

따라서 우리는 앞으로 세상이 점점 더 복잡하게 변해갈 것이라는 예측만 할 뿐, 아직 복잡한 세상을 설계할 수도, 제작할 수도, 통제할 수도 없어요. 다른 한편으로는 예전처럼 구성 요소 각각을 분석한 후 전체 시스템을 이해해보려는 시도도 갈수록 잘 통하지 않는 상황에 놓여 있어요.

게다가 우리가 살아가는 세상은 지금 이 순간에도 시시각각 더 복잡해지고 있습니다. 과학자들은 이런 현상을 조금 어려운 말로 '**상전이**^{相轉移, phase transition}'라고 하는데요. 시스템을 복잡하게 만드는 요소들이 일정 수준을 넘어서는 순간, 마치 방울만 보글보글 올라오던 냄비의 물이 순식간에 거품을 터뜨리며 수증기가 되어 끓어오르듯 전체 시스템의 본질이 갑자기 급격하게 변하게 될 거라는 의미에요.

이 장을 시작할 때, 우리 사회가 복잡해진 정도와 관련해서 넷플릭스가 분석한 기업 리스크에 관한 이야기를 했어요. IBM 컨설턴트 데이브 스노든^{Dave Snowden}이 제시한 '**커네빈 프레임워크**^{Cynefin Framework}'도 이와 비슷한 맥락이에요. 리더들의

데이브 스노든의 커네빈 프레임워크

의사결정론으로 불리는 이 프레임워크는 이름은 조금 어렵지만 내용은 꽤나 명쾌합니다.

스노든은 오늘날 리더에게 가장 필요한 자질은 '어떤 문제가 발생했을 때 상황을 빠르고 정확하게 파악하는 능력'이라고 결론지었어요. 그러면서 그는 모든 문제 상황은 넷 중 하나라고 말합니다. 단순한 상황, 까다로운 상황, 복잡한 상황 그리고 혼돈 상황이 그것이죠.

스노든은 이렇게 말해요. 복잡한 상황에서 발생하는 문제는 사전에 예측할 수 없고 문제가 발생한 후에야 비로소 인과관계를 파악할 수 있는데, 문제 해결의 정답도 없다고요. 만일 한 기업의 리더가 복잡한 문제의 발생을 예상해서 대비하고자 한다면, 이는 결국 시간 낭비가 될 가능성이 크다는 말이에요.

　복잡한 세상에 관해 몇 가지 예를 들었지만, 관심을 두고 주변을 둘러보면 이 문제를 다룬 책과 논문, 강의가 그야말로 넘쳐납니다. 그만큼 복잡한 세상이 우리 곁으로 바짝 다가왔다는 뜻이겠지요. 그렇다면 왜 4차 산업혁명 시대를 맞아 복잡한 세상이 더욱 문제가 되고 있을까요? 센스 있는 독자라면 이미 눈치챘겠지만, 그 이유는 전 지구가 놀라운 속도로 서로 연결되고 있기 때문입니다.

　앞에서 말했어요. 연결되면 복잡해진다고요. 디지털 혁명이 세상을 눈부시게 빠른 속도로 연결하고, 그 연결망 안에서 사람과 사물과 시스템이 서로 맞물려 상호작용을 시작한 이상, 세상 곳곳이 복잡해지는 것은 지극히 자연스러운 현상입니다. 미시간대학 복잡계연구센터 소장인 스콧 페이지^{Scott Page}의 표현을 빌리면, 지금 우리 사회의 복잡성 지수는 이미 최고 수준에 도달해 있어요.

MIT 미디어랩 소장의 충고

　세상이 눈부시게 빠른 속도로 연결되어 복잡해지고 있다는 것. 그리고 이렇게 복잡해진 세상을 살아가는 모범답안을 우리가 아직 찾지 못했다는 것. 이 두 가지를 인정한다면 우리는 앞으로 무엇을 할 수 있을까요?

이 책의 뒷부분에서 복잡한 세상을 보는 법을 계속해서 살펴볼 테지만, 무엇보다도 우리가 가장 먼저 해야 할 일은 예전처럼 사고하는 습관을 '멈추는' 겁니다. 별것 아닌 것 같아도 방향을 바꾸려면 일단 멈춰서야 한다는 사실을 깨닫는 것이 중요해요. 그래야 우리가 무의식적으로 당연시하는 것들을 비로소 의심할 수 있을 테니까요. 그동안 우리는 까다로운 세상을 살아가는 수많은 방법을 익혀왔지만, 앞으로는 이 방식이 더 이상 통하지 않을 수 있다는 사실을 인정하는 열린 마음이 필요합니다. 쉬워 보이지만, 막상 실천하려 하면 말처럼 쉽지가 않아요. MIT 미디어랩 소장인 조이 이토Joi Ito는 이렇게 충고합니다.

"사람들의 정신적 습관 중 고질적인 문제는 한결같습니다. 일단 우리는 우리의 이해 능력을 뛰어넘은 기술의 발전 속도를 어서 빨리 따라잡아야 한다는 강박관념부터 버려야 해요. 미래를 예측하는 일이 예전에는 그저 바보짓이었다면, 세상의 복잡성 지수가 몇 배나 증가한 지금은 아예 부질없는 짓입니다."

해당 분야의 연구자가 아닌 이상, 우리가 기술의 발전 속도를 따라잡으려는 이유는 의외로 단순합니다. 개별 기술을 분석하고 이해한 후 그것을 적절히 조합해 4차 산업혁명이라고 불리는 미래의 변화를 예측하고 이에 대응하려는 거죠. 그러나 복잡계를 연구하는 과학자들은 이제 이런 전략은 쓸모없을 뿐 아니라 오히려 해가 될지도 모른다고 말합니다.

그런 의미에서 미래를 내다보기 위해 새로 나온 기술부터 모두 이해하겠다는 생각은 잠시 내려놓아도 좋습니다. 정작 우리가 가장 먼저 알아야 할 것은 개별 기술이 아닐지도 모릅니다. 우리는 궁극적으로 우리를 둘러싼 시스템이 서로 연결되고 상호작용하는 입체적인 구조 전체를 볼 수 있어야 합니다.

하루아침에 사고 습관을 송두리째 바꾸기란 쉽지 않은 일이에요. 그러나 방향을 안다면 변화할 준비는 된 것입니다. 자, 우리 함께 까다로운 세상에 머물러 있던 사고 습관을 과감히 내던져볼까요? 그리고 천천히 조심스럽게 만들어봅시다. 복잡한 세상을 포용할 수 있는 새로운 생각의 패턴을요.

#빅4 #팡 #넷플릭스 #복잡성 #복잡계 #환원주의 #까다로운 #복잡한 #연결 # 피드백 #피드포워드 #나비 효과 # 브라질에 사는 나비의 날갯짓이 텍사스에 토네이도를 일으킬 수 있겠는가? #까다로운X복잡한 #자기조직화 #창발 #상전이 #커네빈 프레임워크 #복잡성 지수 #조이 이토의 충고 #까다로운X복잡한

포르노 배우여서가 아니고요!
_ 노드×링크

계몽주의 시대의 화두가 '독립'이었다면
우리 시대의 주제는 '상호 의존'이다.
인간이든 기계든 이제 모조리 연결되어 있다. 얽힘의 시대가 탄생했다.
_ 대니 힐리스

🎵 **Happy Song** - 앨리스 하트

노드, 링크, 네트워크

복잡하게 연결된 세상은 구체적으로 어떤 모습일까요? 우리
는 복잡한 세상에 대해 이미 두 가지를 알고 있습니다. 첫째,
복잡한 세상은 서로 연결되어 있으며 둘째, 연결된 요소들은
서로 영향을 미친다는 거죠. 이제 이 말을 좀 더 그럴듯하게
바꿔볼게요. 먼저 서로 연결된 구조, 즉 우리를 둘러싼 연결망
을 우리는 '네트워크network'라고 부릅니다. 상호 연결된 각각의
연결점은 '노드node'라 하지요. 노드가 연결된 관계와 상호작

용을 통틀어 '**링크**^{link}'라고 합니다.

새로운 세상을 움직이는 세 번째 힘은 이런 노드와 링크의 연결(노드×링크)이에요. 다른 말로 바꾸면 네트워크죠. 네트워크는 본래 그물을 뜻하는 네트^{net}와 일을 뜻하는 워크^{work}의 합성어인데요. '그물을 짜는 일'을 가리키는 데서 비롯된 이 말은 이제 노드와 링크로 짜인 연결망 전체를 일컫는 말로 쓰이고 있어요. 복잡한 세상은 수많은 노드와 링크의 집합으로 연결된 셈입니다.

네트워크란 무엇인가

케빈 베이컨 게임과 작은 세상 네트워크

네트워크와 관련해 유명하고도 이제는 오래된 게임이 하나 있는데, 바로 '**케빈 베이컨 게임**'이에요. '케빈 베이컨의 6단계 법칙 The Six Degrees of Kevin Bacon'으로도 알려져 있죠. 케빈 베이컨은 〈엑스맨: 퍼스트 클래스〉 〈어 퓨 굿 맨〉 등 수많은 영화에 출연한 배우입니다. 이름만을 듣고서는 그의 얼굴을 떠올리지 못하더라도, 얼굴을 보면 누구인지 쉽게 알 수 있을 거예요.

여러분도 한번쯤 들어봤을 이 게임의 룰은 간단해요. 누구든 영화배우 한 명을 떠올린 뒤 그가 케빈 베이컨과 몇 단계만에 연결되는지 찾아내면 됩니다. 예를 들어 배우 송강호를 떠올렸다면, 송강호는 틸다 스윈턴과 함께 영화 〈설국열차〉에 출연했고(1단계), 틸다 스윈턴은 톰 크루즈와 함께 영화 〈바닐라 스카이〉에 출연했고(2단계), 톰 크루즈와 케빈 베이컨은 영화 〈어 퓨 굿 맨〉에 함께 출연했어요(3단계). 따라서 송강호와 케빈 베이컨은 3단계 만에 서로 연결됩니다.

초기에 이 게임이 사람들의 흥미를 끈 이유는 어떤 배우를 떠올려도 대부분 6단계 안에 케빈 베이컨과 연결되기 때문이었어요. 실제로 10만 명이 넘는 할리우드 영화배우들로 실험해본 결과 연결 지수가 6단계를 넘어선 배우는 단 일곱 명에 불과했다고 해요.

케빈 베이컨 게임의 예

이 게임은 1990년대 미국 TV 프로그램을 통해 우리에게 처음 소개됐어요. 사실 게임의 내용은 하버드대학 교수 스탠리 밀그램 Stanley Milgram 이 1960년대에 발표한 '**우편물 실험**'으로 이미 알려져 있었죠.

우편물 실험의 내용은 이렇습니다. 밀그램은 인적이 드문 미국 시골 마을을 임의로 골라 그곳에 사는 주민 160명을 무작위로 뽑았어요. 그런 다음 뽑힌 사람들에게 편지를 한 통씩 나눠주었는데, 이 편지에는 그들과는 아무런 연관도 없는 어떤 사람의 사진, 이름, 주소가 적혀 있었습니다. 밀그램은 주민들에게 이 편지를 자신이 직접 알고 있는 사람 중에서 봉투에 적힌 사람을 알 만한 사람에게 전달해달라고 부탁했어요.

당시 밀그램의 친한 친구는 대략 100단계를 거치면 우편물이 목표한 사람에게 도착하지 않겠냐고 말했다고 전해집니다. 실제 실험 결과는 어떻게 나왔을까요? 160통의 편지 중 42통이 성공적으로 도착했는데, 놀랍게도 이때 편지가 거친 단계의 중간값은 단 5.5단계에 불과했어요!

이 실험을 통해 우리는 대규모 사회에서도 사람들 사이를 연결하는 링크를 따라가다 보면 의외로 쉽게 서로를 연결할 수 있다는 사실을 알게 됩니다. 과학자들은 이렇게 표현합니다. 한 사람당 하나 이상의 사회적 링크만 있다면 네트워크 전체가 연결될 수 있다고요. 그러면서 이런 연결 구조에 '**작은 세상 네트워크**small world network'라는 이름을 붙입니다.

시공간 수렴, 시공간 압축

작은 세상 네트워크는 우리에게 여러 가지 아이디어를 제공합니다. 그중에서도 특히 내가 어떤 사람 또는 어떤 사물에 도달하기까지의 '심리적 거리'와 둘 사이의 '물리적 거리'의 상관관계가 점점 약해지고 있다는 점에 주목할 필요가 있습니다. 지구 반대편에 사는 어떤 사람이 바로 옆집에 사는 내 이웃보다 가까울 수 있다는 말이에요.

네트워크를 연구하는 과학자들의 이야기를 좀 더 들어볼까요? 앞서 소개한 앨버트 바라바시는 이렇게 말합니다.

"복잡한 세상의 비유클리드적 세계를 항해하다 보면, 직관에 어긋나는 일들을 자주 겪게 됩니다. 우리 주변의 복잡한 세상을 이해하기 위해서는 반드시 익혀야 할 새로운 기하학이 있습니다."

조금 어려운 말이 섞여 있으니 쉽게 풀어볼게요. 우선 **기하학**이란 우리가 점, 선, 면, 부피 등을 통해 공간을 이해하는 방식을 말합니다. 우리가 그동안 학교에서 배운 기하학은 그리스 수학자 유클리드Euclid가 집대성한 이른바 유클리드 기하학에 뿌리를 두고 있죠. 미터나 마일 등의 단위로 측정되는 우리의 물리적 거리감은 모두 유클리드 기하학에서 출발합니다.

우리는 유클리드 기하학이 아닌 다른 기하학은 한 번도 생각한 적이 없었기 때문에 '유클리드'라는 수식어조차 필요하지 않았어요. 그러다가 19세기에 이르러 비로소 '비유클리드 기하학non-Euclidean geometry'이 등장합니다. 비유클리드 기하학이란 유클리드 공간이 아닌 공간에서 다루는 모든 기하학을 말해요. 쌍곡기하학이나 타원기하학 등이 이에 해당합니다.

복잡한 세상이 비유클리드적 세계라는 것은 무슨 뜻일까요? 쉽게 말해서 작은 세상 네트워크를 찬찬히 살펴보면, 우리가 실제로 어떤 사람이나 사물에 도달할 수 있는 능력은 물리적 거리에 의해서만 결정되는 것이 아니라는 의미입니다. 연결의 시대에 우리의 도달 능력은 물리적 거리가 아니라 서로 연결된 네트워크의 구조에 의해 결정되기 때문이에요.

지리학자 도널드 저넬Donald Janelle이 말했던 '**시공간 수렴**'이나 사회학자 데이비드 허비^{David Harvey}가 말했던 '**시공간 압축**'이라는 말은 모두 이렇게 새로운 연결 때문에 시간과 공간이 압축되면서 놀라운 속도를 만들어내는 세상을 예견했던 내용이라고 볼 수 있죠. 예를 들어 자율주행차를 떠올려 보세요. 어젯밤 보다만 드라마를 퇴근해서 차에 타자마자 연결해서 볼 수 있다면 회사와 집 사이의 공간과 시간은 얼마나 압축되는 걸까요?

우리가 만일 멀리 떨어진 사람이나 사물과의 거리를 계산할 때 예전과 같이 미터나 마일과 같은 단위부터 떠올린다면, 우리는 아직 유클리드적 세계관에 갇혀 있는 셈입니다. 작은 세상 네트워크는 우리에게 유클리드로부터 2000년이 넘게 쌓아온 공간 개념에서 벗어나 새롭게 펼쳐지는 입체적인 네트워크를 볼 수 있는 확장된 시각을 가지라고 말하고 있어요.

커넥터와 허브

새로운 공간 개념을 이야기한 김에 조금만 더 들어가 볼게요. 우선 '**커넥터**^{connector}'라는 개념부터 이야기하려 합니다.

우리 사회에는 친구나 사람을 사귀는 데 천부적인 재능을 가진 소수의 사람이 있지요. 『티핑포인트^{The Tipping Point}』라는 책의 저자 맬컴 글래드웰Malcom Gradwell은 이들을 '커넥터'라고 불렀어요. 커넥터는 경제 활동에서부터 우리 몸의 작은 세포에 이르기까지 매우 다양한 복잡계에서 발견됩니다. 커넥터의 존재는 노드 사이의 거리를 극적으로 좁히는 역할을 한다는 점에서 새로운 공간의 권력자라고 할 수 있지요.

잠시 빙고 게임을 떠올려볼까요? 여러분이 빙고 게임에서 가장 먼저 지우고 싶은 자리는 어디인가요? 독특한 취향을 가진 분이 아니라면, 빙고판의 한가운데 자리라고 답할 거예요. 둘러싼 모든 방향으로 연결 가능한 이 자리가 바로 빙고 게임의 커넥터입니다.

빙고 게임의 커넥터

오프라인뿐 아니라 온라인에도 네트워크의 중심적 위치를

차지하는 커넥터가 있습니다. 온라인상의 커넥터를 처음 발견한 바라바시는 이를 '**허브**hub'라고 이름 붙였지요. 커넥터와 허브는 사실 비슷한 개념이에요. 중요한 것은 이런 커넥터 또는 허브가 놀라운 방식으로 노드 간의 거리를 단축한다는 점이에요. 일단 어떤 네트워크의 커넥터나 허브에 연결되기만 하면 우리가 도달할 가능성의 범위는 극적으로 확장됩니다.

구글이나 네이버 또는 유튜브를 떠올려보세요. 이런 허브에 자신을 연결하는 순간, 지식과 경험의 범위는 순식간에 확장되어요. 반대로 커넥터나 허브에 연결될 수 없다면 어떨까요? 우리가 도달할 수 있었던 수많은 잠재적인 연결고리들로부터 순식간에 멀어지는 자신을 발견하게 될 거예요. 커넥터나 허브가 네트워크 전체를 지배할 힘을 가지는 것은 이 때문입니다.

클러스터와 방탄소년단

여기서 잠시 케빈 베이컨 게임으로 돌아가 보겠습니다. 이 게임에서 영화배우 각각은 하나의 노드가 되고, 그들이 다른 영화배우와 서로 같은 영화에 출연하게 되면 하나의 링크가 만들어집니다.

그렇다면 할리우드 영화배우 중 누가 가장 강력한 허브일까요? 먼저 '가장 많은 영화에 출연한 배우'가 가장 많은 링크 수를 가진 강력한 허브일 거라고 예상할 수 있어요. 하지만 반드시 그렇지는 않습니다. 실제로 할리우드 영화배우 중 출연한 작품 수로 10위 안에 들어있는 배우를 살펴보면, 톰 바이런이나 마크 월리스 같은 우리에게 이름조차 생소한 배우들이 대부분이에요. 그들은 엄청난 수의 영화 출연작을 자랑하지만, 할리우드 네트워크에서 그다지 중요한 지위를 차지하지 못합니다. 이유가 무엇일까요?

할리우드 배우들의 출연작 순위에서 10위권에 속한 배우들은 두 명을 제외하고 나머지는 모두 포르노 배우이기 때문입니다. 당연히 장르 자체가 문제 되는 것은 아니에요. 이들은 매우 많은 영화에 출연했지만, 포르노 영화 '밖'으로 링크를 만들지 못했기 때문이죠. 출연한 수많은 작품에도 불구하고 그들은 케빈 베이컨이나 톰 크루즈 같은 배우들과 연결될 수 있는 링크를 갖지 못합니다.

네트워크 과학자들의 표현을 빌리면, 자기 클러스터에 속한 노드하고만 긴밀하게 연결된 노드는 그 하위문화 내지 같은 장르에서만 중심적 위치를 점할 뿐이에요. 이런 배우들에겐 그들을 외부 세계로 이어주는 링크가 없으므로, 다른 클러스터에 속한 노드와 멀리 떨어져서 존재하게 되고 그만큼 영향력도 약해지게 됩니다.

그렇다면 '클러스터 cluster'라는 것은 도대체 무엇일까요? 네트워크의 구조를 좀 더 자세히 살펴보면 노드와 링크가 조밀하게 모여 있는 집합이 보이는데, 이를 클러스터라고 합니다. 클러스터는 우리가 직관적으로 이해하는 '친한 사이'와 비슷해요.

만일 어떤 노드가 하나의 클러스터 안에서만 많은 링크를 갖고 있다면, 그 노드는 여러 클러스터에 두루 연결된 노드와 비교할 때 확장 가능성이 약합니다. 반대로 어떤 노드가 여러 클러스터에 동시에 연결되어 있다면, 이런 노드는 어디로든 뻗어갈 수 있는 강력한 잠재력을 갖게 되지요. 그뿐 아니라 이 노드에 연결된 다른 노드들을 외부의 거대한 네트워크로 연결해주는 훌륭한 징검다리의 역할도 하게 됩니다. 그러니 전체 네트워크 구조에서 중요한 위치를 차지할 수밖에요.

VS

노드(•), 허브(✱), 클러스터(◯)

자기 클러스터에 갇힌 허브   여러 클러스터에 연결된 허브

네트워크에서 강력한 허브가 되는 노드는 단지 크기가 큰

노드가 아닙니다. 여러 개의 클러스터와 연결되어 있으면서 링크 수가 많은 노드, 이런 노드야말로 가장 강력한 힘을 갖는 허브가 되는 거죠. 할리우드 영화배우로 치면 다양한 장르의 여러 작품에 출연한 케빈 베이컨이나 찰턴 헤스턴 같은 배우가 가장 강력한 허브라 할 수 있습니다. 웹사이트로 치면 세상 모든 분야의 정보를 링크로 가지고 있는 구글이나 유튜브와 같은 사이트고요.

최근 **방탄소년단**BTS의 성공을 두고 많은 사람이 소셜네트워크서비스SNS를 활용한 소통 전략 덕분이라고 평합니다. 방탄소년단의 SNS 전략은 왜 강력할까요? 요즘 대세인 SNS를 선점했기 때문일까요? 틀린 말은 아니지만, 조금 더 들여다보면 방탄소년단의 SNS 전략이 강력한 이유는 그들이 만든 네트워크 구조와 관계가 있어요.

방탄소년단은 스스로 의도했든 의도하지 않았든 간에, 그들의 콘텐츠를 전달하는 주된 통로를 방송사와 같은 기존의 대중매체로 한정하지 않았어요. 대신에 유튜브나 트위터와 같은 새로운 매체를 활용했는데요. 이런 전략은 방탄소년단이 훨씬 자주, 공간의 제약 없이, 팬들과 솔직하면서도 소소한 이야기를 공유할 수 있게 하는 환경을 만들었습니다.

이 전략은 방탄소년단을 팬들과 소통하는 아이돌로 자리매김하게 만드는 한편, 방탄소년단의 팬층이 자기 클러스터에

만 집중되지 않도록 만들었어요. 방탄소년단이 유튜브를 통해 나누는 이야기는 한국과 중국, 일본 등 우리와 물리적으로 가깝거나 방탄소년단이 직접 방문했던 국가에서만 공유된 것이 아니라, 유튜브를 즐겨보는 전 세계 팬들에게로 수많은 링크를 통해 입체적으로 연결됐다는 의미입니다.

실제로 방탄소년단의 유튜브나 트위터 등의 노드에는 수많은 국가, 수많은 계층, 즉 대단히 다양한 클러스터에 속한 셀 수 없이 많은 노드가 빼곡히 연결되어 있어요. 그 결과 방탄소년단은 마치 영화배우 케빈 베이컨처럼 다양한 클러스터에 동시에 연결되어 있으면서 링크 수도 많은 강력한 허브가 될 수 있었습니다. 유튜브에서 방탄소년단 뮤직비디오를 조회한

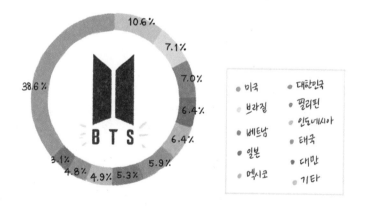

기간: 2017년 1월 ~ 2018년 5월

방탄소년단 국가별 유튜브 트래픽

국가별 분포를 보면 방탄소년단이 얼마나 강력한 허브인지 알 수 있어요.

네트워크의 힘, 네트워크의 부

복잡한 세상은 수많은 노드와 링크로 연결되어 네트워크를 이루며 상호작용을 하고 있습니다. 이런 네트워크는 각각의 노드와 링크가 서로 얽혀서 스스로 만들어내는 연결고리와 상호 피드백을 통해 변화하고 성장해요. 마치 살아있는 생명체처럼 말이죠. 그러므로 네트워크에는 중앙 통제자의 지시나 설계가 따로 존재하지 않습니다. 이런 탈집중적인 네트워크의 성격은 사람들에게 새로운 세상에 대한 가능성과 희망을 심어주었지요.

하버드대학 로스쿨 교수 요하이 벤클러 Yohai Benkler가 대표적인 예입니다. 그는 애덤 스미스의 『국부론』을 연상시키는 제목을 단 『네트워크의 부 The Wealth of Networks』라는 책에서 스스로 협업하는 수많은 창의적이고 독립적인 개인이 만들어가는 새로운 세상의 비전을 제시했어요. 비전문가들의 힘으로 백과사전이나 컴퓨터 운영체계를 만들어낸 위키피디아나 리눅스가 그의 말을 상당 부분 현실화하기도 했습니다.

하지만 오늘날 세상의 네트워크 구조를 살펴보면 모든 노드가 평등한 이상적인 세상과는 거리가 먼 것이 사실입니다. 오히려 몇몇 강력한 허브가 독점적인 힘을 행사하고 있어요. 벤클러는 이런 현상을 지켜보면서, 네트워크 사회는 현재 안정적인 상황에 놓여 있지 않다고 말합니다. 권력이 재집중되려는 순간마다 저항하는 개인들이 분별력을 보여주어야 한다고요.

그런가 하면 네트워크에 관한 새로운 시각을 보여준 책 『제7의 감각, 초연결지능*The Seventh Sense* 』의 저자 조슈아 쿠퍼 라모 Joshua Cooper Ramo는 이렇게도 말합니다. 연결된 시스템은 극심한 '집중'과 엄청난 '분산'이 동시에 일어나는 새로운 세상이 될 거라고요. 그러니 연결된다는 것은 '해방'이 아니라 강력하고 역동적인 '긴장' 상태에 둘러싸이는 거라고 말이에요.

만일 노드와 링크의 연결을 통해 새로운 허브의 탄생과 권력의 집중을 볼 수 있게 된다면, 여러분은 그때 비로소 선택할 수 있을 겁니다. 스스로 네트워크의 새로운 허브가 되기를 꿈꾸며 기회를 찾을 수도 있고, 동시에 하나의 허브가 이 세상의 정치, 경제, 문화의 모든 부문을 장악하지 않도록 하는 견제의 힘을 보여줄 수도 있겠지요.

그러려면 일단 세상의 네트워크 구조를 볼 줄 알아야 합니다. 자, 이제 여러분의 주위를 둘러보세요. 어떤 노드와 링크가 어떤 네트워크 구조로 서로 연결되어 있나요? 그 연결망에서는 어떤 새로운 허브가 탄생하고 성장하고 소멸하고 있나요? 보이나요? 또는 보이지 않나요?

#네트워크 #노드 #링크 #노드×링크 #케빈 베이컨 게임 #우편물 실험 #작은 세상 네트워크 #시공간 수렴, 시공간 압축 #커넥터 #허브 #클러스터 #방탄소년단 #연결 #위키피디아 #리눅스 #집중과 분산 #네트워크의 힘, 네트워크의 부

2부

일상에서 만나는
4차 산업혁명

세상에! 더 나은 방법이 없을까?
_ 심리스 서비스×커스터마이징

한 알의 모래에서 세계를 보고 한 송이 들꽃에서 천국을 보라
그대 손바닥에 무한을 쥐고 순간에서 영원을 보라
_ 윌리엄 블레이크

♪♫ Bike Riding — 베란다 프로젝트

공유 자전거와 심리스 서비스

이제 어려운 이야기는 끝났어요. 지금부터는 여러분의 일상과 가까운 조금은 가벼운 이야기를 해볼까 해요. 지난 2017년과 2018년 저는 딸과 함께 미국 실리콘밸리 근교의 작은 마을에 머물면서 4차 산업혁명이 일상과 연결되는 모습을 가까이에서 지켜볼 수 있었는데요. 그중 하루를 소개하려 합니다.

초여름이 시작되던 즈음이었어요. 저는 딸과 함께 동네 공원에 산책하러 갔다가 치즈버거와 밀크셰이크를 사서 기분

좋게 집으로 돌아오는 길이었어요. 그런데 날씨가 더워지는 바람에 돌아오는 길은 멀기만 했습니다. 바로 그때 우리는 공원 축구 골대 옆 화단에서 눈이 번쩍 뜨이게 하는 물건을 발견했어요.

노란색과 연두색이 섞인 깜찍한 색상을 가진 그것은 이름까지 상쾌한 '라임바이크 Lime Bike'. 어디선가 본 듯한 자전거였어요. 어느 날은 딸이 다니는 초등학교 앞 나무 그늘에서 봤고, 어느 날은 마트 옆 길가에서 눈에 띄었습니다. 심지어 집 앞 쓰레기장 옆에서도 봤어요. '아, 저렇게 아무나 타고 어디든 세워놓으면 되는구나'라고 신기하게 여겼지만, 매번 무심히 지나쳤던 그 자전거를 드디어 한번 타보기로 했어요.

자세히 보니 자전거 뒤에 몇 줄 안 되지만 간단한 설명이 적혀 있고, QR코드도 야무지게 붙어 있었습니다. 30분에 1달러, 우리 돈으로 1000원이 조금 넘어요. 미국 샌프란시스코 시내의 버스 요금이 약 2.5달러이고, 샌프란시스코만 지역을 연결하는 대중교통 수단인 바트 BART 요금은 가까운 거리라도 4-5달러가 훌쩍 넘는다는 점을 고려한다면 꽤 저렴한 편이었어요.

앱을 다운받는 데 20초, 휴대전화 번호를 입력하는 데 5초, 문자로 날아온 4자리 코드를 입력하는 데 15초쯤 걸렸을까요? '설마 이걸로 끝인가?' 하는 생각을 할 때쯤 '탁!' 하는 경쾌한 소리와 함께 잠금장치가 풀렸어요. 자전거를 처음 발견해 잠금장치가 풀릴 때까지 채 1분이 안 걸렸답니다!

딸과 저는 자전거 바구니에 버거와 밀크셰이크를 넣고 7분 26초 동안 0.6킬로미터를 달려 23칼로리의 에너지를 소모한 뒤 집에 무사히 도착했습니다. 어떻게 알았냐고요? 라임바이크가 친절히 알려주더라고요.

라임바이크 라이딩 기록

그새 정이 들었는지 아무 곳에나 세워두기가 미안해지더군요. 이왕이면 시원하게 있으라고 근처 나무 아래에 '라임이'를 세웠습니다. 같은 아파트에 사는 누군가가 우연히 이 자전거를 본다면 어딘가 좋은 곳으로 데려가 주겠지요. 내리자마자 비용을 내기 위해 카드번호를 입력했습니다. 그러자 '고마워요! 이번엔 서비스 라이딩!'이라는 경쾌한 메시지가 뜨네요. 저야말로 고마웠어요.

이것이 제 첫 공유 자전거 서비스 경험담입니다. 딸에게 어땠냐고 물으니 "아! 재밌었어요!"라는 답변이 돌아왔어요. 앞서 새로운 세상을 움직이는 세 가지 힘 중 하나가 아날로그와 디지털의 연결이라고 했는데요. 그 연장선상에서 생각해보더라도 제 공유 자전거 경험담은 꽤 자연스럽고 편안한 것이었습니다. 처음 자전거를 발견하고 집으로 오기까지, 자전거 픽업부터 인증을 거쳐 주차를 마치고 결제를 하기까지, 자전거를 타는 일 외에 디지털과 아날로그를 넘나드는 데 걸린 시간은 1분이 채 안 됐으니까요.

새로운 세상에서 가장 중요한 것 중 하나는, 사람들에게 얼마나 새롭고 훌륭한 콘텐츠를 제공하느냐보다 사람들이 얼마나 편안하고 재미있게 아날로그와 디지털 세상을 넘나들도록 해주느냐의 문제가 아닐까 생각해요. 서비스 이용이 순조롭지 못해 생기는 매듭이나 튀는 부분이 없이, 사용하는 내내 매끄럽게 연결되는 '**심리스**^{seamless} **서비스**'라면 사람들은 기꺼이 아날로그에서 디지털로의 여행에 동참할 테니까요. 반대로 그 과정에서 무언가가 툭! 걸리고 불편하다 싶으면 그냥 원래대로 아날로그 세상에 머무르려 할 겁니다. 간과하기 쉬

운 이 자연스러운 흐름과 속도를 만드는 과정에 결국 새로운 세상의 가장 많은 기회가 숨어있을지 몰라요.

예리한 독자는 이미 눈치챘겠지만, 제가 앞에서 공유 자전거 라임바이크에 따옴표를 붙인 이유가 따로 있어요. 라임바이크가 진짜 '**공유경제**sharing economy' 서비스인지에 대한 논란이 많거든요. 사실 저도 라임바이크와 같은 형태의 서비스는 공유경제 서비스라기보다는 주문형 경제를 의미하는 '**온디맨드**on-demand' 서비스에 가깝다고 생각해요. 그러나 이에 관한 논의는 조금 미뤄두고, 일단 공유 자전거 이야기를 계속해볼게요.

일상 속 커스터마이징

라임바이크는 2017년 1월에 미국에서 설립된 신생 기업입니다. 라임바이크가 제공하는 이런 유형의 서비스를 흔히 '**스테이션 프리**station-free 공유 자전거' 서비스라고 부르는데요. 따로 정해진 정거장이나 주차장이 없고, 언제 어디서든 자전거가 보이면 타고 사용한 후에는 아무 데나 놓고 가도 되기 때문이에요.

노스캐롤라이나대학에서 시작된 라임바이크 서비스는 시애틀, 댈러스, 샌프란시스코 등 미국 주요 도시로 그 영역을 넓혔습니다. 2018년 8월 기준으로 하루 라임바이크의 이용 횟수는 약 1만 회에 이르고, 라임바이크가 확보한 투자금만 해도 이미 우리 돈으로 700억 원을 훌쩍 넘어섰어요.

이런 성장세를 반영하듯, 2018년 4월에 세계 최대 공유 자동차 서비스 회사인 우버가 공유 자전거 사업에 진출했고, 뒤이어 7월엔 우버와 함께 미국 공유 자동차 시장을 양분하고 있는 리프트도 이 사업에 뛰어들었습니다.

그렇다면 세계 최초로 정거장 없는 공유 자전거 서비스를 현실화한 회사가 라임바이크일까요? 아닙니다. 놀랍게도 중국 기업인 오포라는 회사예요. 먼저 오포가 어떻게 탄생했는지부터 이야기해볼게요.

오포의 창업자 다이웨이戴維는 창업 당시 베이징대학 경제학과 석사 과정에 재학 중인 학생이었어요. 그런 그가 어떻게 이런 서비스를 시작하게 됐을까요? 잠시 시간을 되돌려 그의 학생 시절로 가볼게요.

다이웨이는 많은 중국 대학생이 그렇듯 기숙사에서 생활했다고 해요. 학사와 석사 과정을 거치면서 그는 여러 대의 자전거를 타고 다녔는데, 기숙사와 자전거 주차 구역이 멀다 보니 힘든 적이 많았다고 합니다. 기숙사까지 걸어가느라 다리가 아팠던 것은 물론 주차 구역이 아닌 곳에 세웠다가 분실한 자전거도 여러 대였다네요. 이런 경험들이 다이웨이를 남들과는 다른 생각으로 이끌었어요.

다이웨이는 많은 사람이 같은 경험을 하면서도 '어쩔 수 없는' 또는 '당연한' 불편이라고 생각하고 무심히 넘긴 순간을 포착해 새롭게 연결합니다. '만일 자전거를 기숙사 바로 앞까지 타고 온 다음 다른 친구가 그 자전거를 타고 나갈 수 있다면? 그러면 기숙사에서 자전거까지의 거리는 눈부시게 단축될 텐데.'(1부에서 이야기한 비유클리드적 세계를 떠올려 주세요.) 그는 곧 이런 아이디어를 실현할 기술을 찾아 나섰습니다.

그가 일상에서 떠올린 이 아이디어는 몇 번의 위기를 넘으며 결국 사업화되고 큰 성공으로 이어지게 돼요. 2018년 8월 무렵 오포는 전 세계 21개국 250여 개 도시에서 운영되는, 명실공히 정거장 없는 공유 자전거 서비스 부문 글로벌 1위 기업이 됐습니다. 오포 자전거의 하루 이용 횟수는 약 3200만 회, 누적 서비스 제공 횟수는 100억 회를 넘겼죠.

비단 오포만이 아니에요. 4차 산업혁명 시대에 새로운 기회를 포착한 아이디어들은 우리의 일상과 매우 밀접하게 연결된 경우가 많아요. 개인이 놓여 있는 아날로그 환경에 디지털 기술을 끌어들여 이를 융합하는 과정에서, 개인의 특별한 상황을 실시간으로 반영하는 서비스가 탄생하게 되는 거죠. 앞서 이야기한 대시버튼, 예측 배송, 길찾기 서비스는 물론 최근 등장하는 각종 공유경제 서비스는 모두 개인의 필요를 충실하게 반영하고 있어요. 이른바 '**커스터마이징**customizing'이라고 불리는 개인 맞춤 전략이 가능해진 것은 4차 산업혁명 시대의 가장 큰 특징 중 하나이기도 합니다.

공유 주차장 아이디어의 탄생

샌프란시스코는 많은 사람이 사랑하는 아름답고 낭만적인 도시이지만 동시에 살인적인 주차요금으로도 악명이 높습니다. 유니언스퀘어나 피셔맨스워프 같은 관광지에 가보면 한 시간만 주차해도 무조건 하루 요금을 내야 하는 주차장이 많아요. 이런 지역의 하루 주차요금은 우리 돈으로 4만 원이 훌쩍 넘는 경우도 허다합니다. 그나마도 주차 공간이 부족해 돈을 주고도 주차를 할 수 없는 때도 있어요. 공유 자전거나 공유 스쿠터 서비스가 인기를 끄는 이유가 여기에 있답니다.

이런 샌프란시스코 사람들이 즐겨 이용하는 서비스가 있는데, 바로 '**스팟히어로**Spot Hero'라는 서비스입니다. 스팟히어로는 공유 주차장 서비스라고 보면 이해가 쉬울 거예요. 이 서비스도 라임바이크처럼 매우 자연스럽게 아날로그와 디지털을 연결하고 있습니다.

예를 들어 유니언스퀘어 지역에 주차하려면 스팟히어로 앱을 열고 주차할 지역, 날짜, 시간을 선택해 입력한 후 검색 버튼을 누르면 실시간으로 지금 당장 이용할 수 있는 주차장의 위치와 가격을 한눈에 볼 수 있어요. 물론 예약하는 것도 가능합니다. 주차할 곳을 선택하기 전에 주차장에 지붕이 있는지 없는지, 관리자가 있는지 없는지, 대리 주차가 가능한지 또는 직접 주차해야 하는지, 어떤 높이의 차량까지 넣을 수 있는지, 지상인지 지하인지 등등 매우 구체적인 정보와 사진도 바로 볼 수 있는 디테일을 갖추고 있죠.

유니언스퀘어처럼 붐비는 지역도 하루 주차요금 10달러면 주차할 공간을 찾을 수 있어요. 게다가 미리 모든 비용을 내

스팟히어로로 검색한 주차 공간

기 때문에 주차장에서 관리인과 영어로 대화할 필요가 없습니다. 주차장을 이용하는 모든 과정이 매끄럽게 이어지는 이 서비스는 샌프란시스코에서도 아주 인기 있는 서비스 중 하나예요.

스팟히어로의 창업자는 시카고에 살던 마크 로런스Mark Lawrence입니다. 시카고도 주차난이 심각한 지역이라고 해요. 로런스는 당시 룸메이트였던 제레미 스미스Jeremy Smith와 함께 이 사업을 시작했는데요. 그와 룸메이트가 시카고에서 하나둘 떼인 주차위반 딱지를 모두 합해보니 범칙금 총액이 5000달러, 우리 돈으로 550만 원이 넘었다고 합니다. '세상에! 무언가 더 나은 방법이 있어야 하지 않을까?'라는 생각에 그가 시작한 서비스가 바로 스팟히어로입니다.

많은 사람이 오해하고 있는 점 중 하나는 새로운 기술을 몰라서 아이디어가 안 나온다고 생각하는 거예요. 기술을 알면 창의적인 아이디어도 떠오를 거라는 믿음, 이런 믿음은 함정일 가능성이 커요. 어쩌면 우리가 진짜 보아야 할 것은 이미 우리의 일상 속 어딘가에서 새로운 연결을 기다리고 있을지도 모릅니다. 특히 우리가 불편하거나 지루하다고 느끼는 바로 그때예요.

제가 공유 자전거나 공유 주차장 서비스를 이야기하면서 '어디에도 없는 서비스가 여기에 있어요!'라고 이야기하려는 것은 아니에요. 이미 한국에서도 미국에서 제공되는 서비스와 유사한 서비스들이 시작되고 있습니다. 다만 그만큼 여러분의 일상과 자연스럽고 매끄럽게 이어지는 서비스가 적을 뿐이죠. 앞으로 점점 더 중요해지는 것은 이전에는 없던 새로운 무언가를 찾는 능력이 아니라 사람들의 일상에 숨겨진 불편과 지루함을 찾아내 이를 매끄럽게 제거하고 개선하는 디테일한 능력일 거예요.

#라임바이크 #심리스 서비스 #스테이션 프리 공유 자전거 #오포 #커스터마이징 #스팟히어로 #당신의 일상 #일상 속 아이디어의 탄생 #불편과 지루함을 제거하는 디테일

억만장자 탄생의 비밀
_ 공유경제×실패 유전자

빛이 있으면 어둠이 있다.
차가움이 있으면 뜨거움이 있고, 높음이 있으면 낮음이 있다.
거칠면 부드러움이, 조용하면 격정이,
영광이 있으면 역경이, 삶이 있으면 죽음이 있다.
_ 피타고라스

♪♫ 아무것도 아니야－엘베스

중국 공유 자전거의 비극

공유 자전거의 즐거운 경험담을 이야기했으니, 이번에는 공유 자전거의 어두운 면도 살펴볼까요? 밝은 빛이 있는 곳엔 그만큼 짙은 그림자도 있는 법이니까요.

공유 자전거가 처음 시작된 곳은 중국이라고 했는데, 그렇다면 요즘 중국은 공유 자전거의 천국이 됐을까요? 딱히 그런 것 같지는 않아요. 오히려 중국에서는 공유 자전거의 가치가 높아지는 속도만큼이나 빠르게 그 문제점도 속속 드러나고

있어요.

예를 들면 공유 자전거를 이용한 사람들이 자전거를 부수거나, 아예 훔쳐다가 사유 자전거로 이용하는 사례도 있었어요. 아무 데나 세워놓은 공유 자전거가 사람들의 통행을 방해하기도 하고, 심지어 큰 교통사고로 이어지는 경우도 있다고합니다. 상하이에서 운영되는 오포 자전거는 20퍼센트 이상도난당하나 파손됐다는 보도도 있었어요.

중국뿐 아니라 샌프란시스코에서도 최근 공유 스쿠터 서비스에 대한 사람들의 불만이 커지고 있어요. 공유 스쿠터가 인도에 불쑥 끼어들어 지나가는 사람들을 놀라게 하는가 하면, 운전자가 헬멧 등 안전장치 없이 빠른 속도로 질주하다가 사고를 내 사람들을 다치게 하는 일도 종종 일어나고 있어요.

시행착오와 실패의 축적

우리가 생각해볼 문제는 여기서부터입니다. 만일 한국에 이런 서비스가 도입됐고, 비슷한 문제들이 발생했다면 어떤 일이 일어났을까요? 일단 '내 그럴 줄 알았다!', '규제기관은 뭐 하고 있냐?'라는 체념과 비판의 소리가 따갑게 들리겠지요. 어쩌면 해당 사업은 전면 중단될 위기에 처하게 될지도 모릅니다.

중국에서는 공유 자전거 서비스에 대한 불만이 고조되기 시작한 2017년 무렵부터, 공유 자전거 서비스를 규제하는 법안을 만들기 시작했는데요. 서비스 자체를 금지하거나 강력한 벌칙이나 과태료를 부과하는 방식보다는, 서비스 품질과 기술 수준의 하한을 정하는 쪽으로 진행되고 있어요. 예를 들어 공유 자전거는 3년 동안 사용하면 폐기해야 한다거나, 사업자는 매년 모든 자전거를 정기적으로 검사해야 한다는 식으로 말이에요. 이용자가 도중에 상처를 입는 경우 기업이 부담해야 하는 보상금의 최저 수준을 정하기도 했습니다.

사정이 여의치 않자 기업들도 자구책을 찾아나서기 시작했어요. 공유 자전거 서비스 이용자들이 앱을 켜면 버려지거나 사람들이 찾기 어려운 곳에 숨어있는 자전거에 특별한 표시가 뜨도록 만들고, 이용자들이 이 자전거를 찾아 큰길가로 옮겨놓으면 이후 일정 기간 자전거를 공짜로 탈 수 있는 쿠폰을 제공하는 것이 대표적인 예에요. 베이징과 같은 대도시에서는 '정거장 없는' 서비스를 포기하고 정해진 주차 구역만을 이용하도록 하는 고육지책을 내놓는 공유 자전거 서비스 회사도 있습니다.

하지만 이런 대책만으로는 자전거를 훔치고 감추고 부수는 시민들을 막아내지 못했어요. 2018년 말부터 오포가 이제는 자전거 파손 등으로 발생한 적자 상황을 감당하지 못할 거라는 소문이 눈덩이처럼 불어났어요. 이용자들은 일제히 자전거를 이용하기 위해 내야 했던 보증금을 돌려달라고 요구했고 오포의 위기는 가속화되죠. 오포는 한국에도 진출했지만 최근에 철수했어요. 어쩌면 이 책이 출간될 즈음에는 오포의 주인이 바뀌어 있을지도 모릅니다.

만일 그런 일이 벌어진다면 매각 대금도 어마어마하겠지요(최근 중국의 공유 자전거 2위 업체인 모바이크의 주인이 바뀌었는데 당시 매각 대금은 우리 돈으로 2조 원이 넘었어요). 물론 오포가 재정 위기를 극복하고 재도약을 준비하는 방향으로 상황이 급변할 수도 있습니다. 중요한 것은 이렇게 중국은 실패를 통해 시민들이 새로운 서비스를 제대로 누리려면 그만큼 높은 수준의 시민 의식이 함께 요구된다는 점을 배우는 단계로 나아가고 있다는 사실이에요.

미국의 상황은 어떨까요? 라임바이크를 포함한 공유 자전거 서비스는 미국 전역에서 꽤 성공적으로 자리 잡은 것으로 보이지만 공유 스쿠터 회사들은 상대적으로 난항을 겪고 있어요. 2018년 들어 샌프란시스코에서만 수백 대의 스쿠터가 압류됐고, 시 당국은 각 스쿠터 회사에 공문을 보내 시민들의 안전을 지키면서 사업을 운영할 방안을 마련해 제출하라고 요구하기도 했습니다. 2018년 7월부터 2년 동안 허가제의 형태로 공유 스쿠터 사업을 새롭게 시범 운영하겠다고 발표하기도 했죠.

시 당국은 기업들이 제출한 제안서를 심사한 끝에 라임바이크, 버드Bird, 스핀Spin 등 기존 공유 스쿠터 회사를 모두 배제하고 신생 업체 두 곳에 사업 허가를 내주었습니다. 샌프란시스코의 공유 스쿠터 시스템은 기존 부작용을 극복하려는 '버전 2.0'의 형태로 나아가고 있는 셈이에요.

그렇다면 한국은 어떨까요? 공유 자전거 서비스를 제공하는 글로벌 회사들은 최근 한국에도 진출했고, 일부 지역에서는 에스바이크Sbike나 지바이크Gbike 같은 국내 업체도 운영되고 있어요. 아직까지 폭발적 인기는 없지만 별 탈 없이 서비스가 제공되고 있는 것으로 보여요. 그렇다면 우리는 외국과 달리 큰 사고 없이 운영되고 있으니 다행인 걸까요?

결론부터 말하자면 꼭 그렇지는 않은 것 같아요. 물론 큰 위기 없이 서비스가 시장에 자리 잡는다면 더할 나위 없이 좋겠지만, 어쩌면 지금 한국은 사업자들이 새로운 서비스를 진취적으로 시도하는 것 자체를 주저하게 되는 환경인지도 몰라요. 예전에 공유 버스 서비스를 처음 시작한 콜버스Callbus라는 스타트업에 법률 자문을 했던 적이 있어요. 그 회사 대표가 제게 이런 말을 한 적이 있습니다. "한국에서는 새로운 기술이나 서비스를 연구하는 데 드는 시간보다 그 서비스를 시작하기 위해 관련 규제를 연구하는 데 더 많은 시간과 노력이 필요한 게 현실이에요".

저는 우리가 공유 자전거나 공유 주차장 또는 다른 형태의 공유경제 서비스를 시작했느냐, 하지 않았느냐보다 더 중요한 문제는 따로 있다고 생각해요. 우리가 새로운 서비스를 적극적으로 시도하면서 그 과정에서 시행착오와 실패의 경험을 쌓아가고 있는지 아니면 그저 큰 사고가 나지 않는 범주에서 적당히 타협하고 있는지의 문제 말이에요. 다가올 세상에서 우리는 시행착오나 실패 없이 새로운 무언가를 얻는다는 것이 사실상 불가능할지도 모릅니다.

실패 유전자

앞서 여러 번 이야기했지만, 복잡한 세상을 살아가는 데에는 정해진 규칙도 모범답안도 없습니다. 이렇게 예측하기 어려운 환경에서 우리에게 필요한 전략은 무엇일까요? 『이기적 유전자 *The Selfish Gene*』라는 책으로 우리에게 잘 알려진 리처드 도킨스 Richard Dawkins는 실패하더라도 **시행착오**를 무릅쓰고 일단 도전해보는 정신이 중요하다고 말합니다.

"복잡한 세상에서 예측이란 불확실하게 마련입니다. 따라서 유전자가 할 일은 뇌가 평균적으로 이득이 되는 결정을 내릴 수 있도록 뇌에 미리 프로그램을 짜놓는 거죠. (…) 그렇다면 유전자는 어떻게 미래를 예측할까요? 예측 불허인 환경에서 예측하기 위해 유전자가 취할 방법 가운데 하나는 '시행착오를 통한 학습 능력'을 쌓아가는 겁니다."

예측하기 어렵다면 일단 경험해보고, 그 과정에서 시행착오를 통해 학습하는 능력이야말로 우리 인류가 수만 년 동안 살아남은 비결이 아닐까요? 우리는 시행착오와 실패의 경험을 통해 이전에는 상상도 못 했던 많은 것들을 배울 수 있어요. 아마존의 창업자 제프 베저스Jeffrey Bezos도 같은 맥락에서 다음과 같은 말을 했어요.

"실패와 발명은 떼어놓을 수 없는 쌍둥이입니다. 발명하려면 실험해야 합니다. 만일 어떤 일을 실험하기도 전에 그 일이 잘될 것을 안다면 그것은 이미 실험이 아닙니다."

비록 실패했지만, 무언가를 배울 수 있었다는 것이 아니라 실패 자체도 필요하다는 이야기입니다. 시행착오와 실패에 기반을 둔 학습이 중요한 이유가 여기에 있습니다. 실패를 극복하는 과정은 우리 몸의 면역체계와도 비슷해요. 건강한 면역

체계가 병원체에 저항하는 새로운 방어 체계를 계속해서 만들어가듯, 실패에서 배우고 환경에 유연하게 적응하는 조직은 더 강하고 역동적인 시스템을 갖게 되지요.

앞서 소개한 뉴욕대학의 스콧 갤러웨이는 『플랫폼 제국의 미래*The Four*』라는 책에서 아마존, 애플, 구글, 페이스북의 이른바 '빅4' 기업에 두 가지 공통점이 있다고 말합니다. 하나는 모험을 마다하지 않는 것, 다른 하나는 실패에 관대한 것입니다. 갤러웨이는 미국 경제가 성공을 거둔 원동력은 바로 이 **'실패 유전자'**에 있다고 분석했어요.

"미국은 한 차례 실패한 사람에게 툭툭 털고 일어나 다시 도전할 기회를 주고 다음에 타석에 들어설 때는 더 힘차게 배트를 휘두르도록 격려하는 사회입니다. 바로 그 점이 미국에서 그토록 많은 억만장자가 탄생하는 비밀의 원천이에요."

저는 이른바 공유경제를 표방하는 각종 서비스 모델이 앞으로 어떻게 발전하고, 어떻게 소멸할지 알지 못합니다. 공유경제가 잘 돌아가야 우리 사회의 행복 지수가 높아진다고 생각하지도 않아요. 공유 자전거 서비스만 보더라도 서울시의 '따릉이'와 같은 공공 자전거 대여 서비스가 우리에게 더 큰 행복을 가져다줄지도 모릅니다. 다만 안타까운 것은 우리가 몸을 사리느라 아직 이런 시행착오나 실패의 경험조차 제대로 쌓아가지 못하고 있다는 사실이에요.

앞서 이야기했던 오포의 창업자 다이웨이도 공유 자전거 서비스 사업을 시작해 곧바로 성공했던 건 아니에요. 처음 투자받은 돈을 몽땅 날리고 몇 번이나 사업을 포기하려 했습니다. 그러다가 지푸라기라도 잡는 심정으로 한 번 더 투자자를 찾아가 보기로 결심했대요. 이때 예상외의 재투자를 받아내면서 그 돈으로 다시 시작해 성공에 이르게 된 거죠.

그 투자자는 나중에 한 인터뷰에서 "솔직히 그 사업은 별 가능성이 없다고 생각했지만, 배우는 학생들에게 한 번 더 기회를 주고 싶어서 재투자를 결심했다"라고 말했습니다. 멋있게 보이고 싶어서 지어낸 말일 수도 있지만, 다이웨이가 이 사람의 재투자를 통해서 성공할 수 있었던 것만은 확실합니다. 오포뿐 아니라 많은 IT 스타트업이 이렇게 실패 후 두 번째 또는 세 번째 기회를 통해 성공하고 있습니다.

생각해보면 실패하지 않는 방법은 간단합니다. 아무것도 하지 않으면 실패할 것도 없어요. 그러나 공자가 말했듯 "비난하려 해도 할 것이 없고, 공격하려 해도 할 것이 없는 사람과는 도를 논할 수 없는 법"입니다. 아인슈타인도 우리에게 이야기했어요. "의문을 갖지 않는 사람만이 실수로부터 안전하다"라고 말이에요.

우리를 향해 다가오고 있는 복잡한 세상에서는 더욱 그렇습니다. 시행착오나 실패가 성공과 서로 연결되어 함께 움직이고 있다는 점을 기억해야 해요. 마치 빛과 그림자처럼 말이에요.

자, 이제부터는 조금 다르게 생각해보면 어떨까요? 실패하고 잘못할 때 우리는 배우고 성장하는 중이라고 말이에요. 잘못을 따지고, 책임을 묻고, 스스로 작아지기 전에, 우리에게 그 순간이 필요함을 인정하고 조금씩 앞으로 나아가고 있다고 믿어보면 좋겠어요. 지금까지는 아니었더라도 앞으로 다가올 새로운 세상에서는 가만히 있으면 중간은 가고, 큰 실수만 안 해도 칭찬받는 개인, 조직, 사회에겐 미래가 없습니다.

지금 여러분이 서 있는 곳은 실패로부터 평화롭고 안전합니까? 아니면 실패를 통해 끊임없이 배우고 있습니까?

#공유 자전거 #공유 스쿠터 #시행착오와 실패의 축적 #실패를 통한 학습능력

#실패 유전자 #한 번 더 기회를 #도전

70퍼센트의 감, 30퍼센트의 데이터
_ 빅데이터×직관

빅데이터에 정보가 없다고 말하려는 것은 아니다.
거기에는 많은 정보가 있다.
문제는 바늘이 점점 커지는 건초 더미 속에 파묻혀 있다는 것이다.
_ 나심 니컬러스 탈레브

♪♫ 공원에서 – 유희열

범용기술, 빅데이터

새로운 기술에 지레 겁먹을 필요는 없지만, 아예 몰라서는 안
되겠지요. 이쯤에서 기술과 친해질 수 있는 자리를 마련해보
려 합니다. 제가 제안하는 방법은 먼저 빅데이터에 접근해보
라는 겁니다. 여러분이 어떤 일을 하고 있는지와 관계없이 빅
데이터는 오늘부터 활용 가능한 기술일 테니까요. 사회 전반
에 큰 충격과 영향을 미칠 수 있는 잠재력을 지닌 심오한 아
이디어나 기술을 '**범용기술**general purpose technology'이라고 하는데

요. 빅데이터는 범용기술 중에서도 범용기술이 아닐까 생각합니다.

간단한 문제를 하나 놓고 빅데이터에 접근하는 방법을 이야기해볼까요? 제가 미국에서 지내는 동안 들었던 이야기 중에 4차 산업혁명은 유난히 한국에서만 요란하다는 말이 있었어요. 한국에서는 너무나 뜨거운 4차 산업혁명이 정작 4차 산업혁명의 진원지인 미국 실리콘밸리에서는 별거 아니란 이야기였어요.

여러분은 어떻게 생각하나요? 이제는 조금 늦은 질문일 수 있지만, 우리의 예제로 활용하기에는 충분할 것 같습니다. 누군가가 묻는다면 저는 '직관적으로 느끼기엔 맞는 말이다'라고 답하겠습니다. 저는 실리콘밸리 인근에 살았지만 1년 동안 단 한 번도 4차 산업혁명을 말하는 사람을 만나지 못했으니까요. 직접적으로는 물론 TV 프로그램이나 광고 등을 통해 간접적으로 접한 기억도 없습니다.

그렇다고 이 짧은 경험만으로 제가 '4차 산업혁명에 관한 한국의 반응은 호들갑이 맞다!'라고 서둘러 결론짓는다면 여러분은 무언가 꺼림칙함을 느낄 거예요. 구글의 데이터과학자 세스 스티븐스 다비도위츠 *Seth Stephens-Davidowitz* 식으로 표현하면 우리의 '직관'은 때로 우리를 속이니까요. 다비도위츠는 『모두 거짓말을 한다 *Everybody Lies*』라는 책에서 이렇게 말했습니다.

"직관은 세상이 어떻게 돌아가는지를 일반적으로 파악할 수 있게 해주지만 늘 정확하지는 않습니다. 그림을 다듬으려면 데이터가 필요해요."

데이터는 말이 많다

우리 앞에 놓인 문제를 해결하기 위해 연결할 수 있는 데이터에는 어떤 것들이 있을까요? 우선 4차 산업혁명과 관련한 책이 얼마나 많이 나와 있는지를 살펴보면 어느 정도 감을 잡을 수 있지 않을까요? 글로벌 온라인 서점의 대표 주자인 아마존부터 방문해보죠. 검색 창에 영어로 '4차 산업혁명'을 입력하고 카테고리를 '책'으로 좁혔더니 총 22권이 검색됩니다. 숫자가 나오니 머리가 아픈가요? 그런 분들은 일단 '적은 숫자다'라고 기억해주세요.

비교를 위해 이번에는 검색 창에 다른 검색어를 넣어볼게요. 먼저 '빅데이터'를 입력해보겠습니다. 3000권 이상이라는 결과가 나옵니다. 좀 전에 4차 산업혁명을 검색했을 때 나왔던 22권과 비교하면 엄청나게 많지요? 무려 130배가 넘습니다.

'인공지능'은 어떨까요? 검색 창에 'AI'라고 입력했더니 2만 권 이상이라는 결과가 나옵니다. 4차 산업혁명 검색 결과와 비교하면 거의 1000배에 해당합니다. 혹시나 해서 검색 결과를 살펴보니 인공지능에 관한 책이 대부분이지만 『바보들을 위한 태극권T'ai Chi For Dummies』 같은 책도 섞여 있습니다. 제목에 들어있는 'ai'라는 스펠링 때문이에요. 좀 더 정확한 결과를 보기 위해 이번에는 검색어를 '인공지능'으로 바꿔봅니다. 결과는요? 똑같이 2만 권 이상이에요. 유의미한 차이는 없다는 결론입니다.

검색어를 바꿔 '로봇'은 어떨까요? 결과는 3000권 이상입니다. 빅데이터와 비슷한 수준이에요. 시작한 김에 '사물인터넷'과 '3D프린팅'도 검색해볼까요? 사물인터넷은 610권, 3D프린팅은 557권이라는 결과가 나왔습니다.

자, 이제 비교를 위해 인터넷 교보문고에서도 같은 단어로 검색해보겠습니다. 국내 도서 기준으로 검색한 결과를 아마존 결과와 비교해 표로 정리하면 다음과 같아요.

| 검색어 | 검색된 도서 수(권) | | 비교 |
	아마존	교보문고	(아마존:교보문고)
4차 산업 혁명 (The 4th Industrial Revolution)	22	657	1:30
빅데이터 (Big Data)	3,000	673	1:0.2
인공지능 (Artificial Intelligence)	20,000	645	1:0.3
로봇 (Robot)	3,000	486	1:0.1
사물·인터넷 (Internet of Things)	610	321	1:0.5
3D 프린팅 (3D Printing)	557	120	1:0.2

아마존과 교보문고의 4차 산업혁명 관련 도서 검색 결과 (2018년 6월 현재)

교보문고의 4차 산업혁명 검색 결과는 같은 검색어로 아마존에서 얻은 값의 30배가 넘습니다. 반면에 빅데이터와 3D 프린팅은 아마존의 약 5분의 1, 로봇은 10분의 1이 간신히 넘는 수준이에요. 인공지능은 가장 차이가 크게 나는 분야로 아마존의 약 33분의 1 수준에 머물렀습니다. 사물인터넷 관련 서적이 그나마 아마존의 절반 정도 되네요.

이외에도 아마존에서 얼마든지 더 다양한 데이터를 얻을 수 있습니다. 예를 들어 우리에게 4차 산업혁명을 알린 클라우스 슈밥의 저서 『제4차 산업혁명*The 4th Industrial Revolution*』의 별점(4.1/5.0점)이나 리뷰 수(113개)를 확인할 수 있어요. 이 정보를 '이 책을 산 다른 구매자들이 함께 산 책'의 세부 정보와 비교하거나, 같은 산업기술 분야의 베스트셀러와 비교할 수도 있지요. 아예 논픽션 분야 전체의 베스트셀러와 비교할 수도 있을 겁니다. 결과만 살짝 말한다면, 별점이나 리뷰 수를 비교해봐도 클라우스 슈밥의 책이 그다지 인상적이진 않았어요.

구글 트렌드 활용법

이왕 시작한 김에 아마존보다 더 크고 본질적인 빅데이터는 무엇인지 생각해볼까요? **빅데이터**^{big data}란 기존의 방식으로는 저장, 관리, 분석하기 어려울 정도로 큰 규모의 데이터를 의미하죠. 어느 정도 크기에 도달해야 스몰데이터가 비로소 빅데이터로 변하는지에 대한 명확한 기준은 아직 없어요. 다만 규모volume, 속도velocity, 다양성variety, 정확성veracity, 가치value의 측면에서 일정 기준을 만족하면 빅데이터가 된다는 정도의 대략적인 컨센서스만 있을 뿐입니다.

하지만 오늘날 누구도 부인하기 어려운 빅데이터를 보유한 곳이 있지요. 바로 구글입니다. 구글에서는 '**구글 트렌드**trends.google.com'라는 서비스를 제공하는데, 전 세계 누구나 무료로 그리고 실시간으로 검색 키워드 추세를 확인할 수 있는 서비스예요. 바꿔 말하면 구글은 전 세계 사람들로부터 발생하는 셀 수 없이 많은 검색 데이터를 실시간으로 모으고 있습니다.

이쯤에서 여러분 중 상당수는 이제 빅데이터가 무엇인지도 알았고 구글 트렌드에 빅데이터가 있다는 사실도 알았으니 다른 이야기로 넘어가고 싶을지도 모르겠어요. 하지만 정작 중요한 것은 지금부터일지도 모릅니다. 여러분이 직접 빅데이터에 접근해서 실제로 이를 이용해보는 것, 그 경험이야말로 지금 여러분에게 가장 중요하고 또 필요할 수 있어요.

그러니 귀찮더라도 일단 구글 트렌드를 방문해봅시다. 누구나 기간을 정해 어떤 검색어라도 자유롭게 입력할 수 있어요. 구글 트렌드는 우리가 입력한 검색어에 관해서 검색 횟수가 가장 많았던 때를 100으로 정하고, 시기별로 상대적 수치를 환산해서 친절하게 그래프로 만들어서 보여줍니다.

구글 트렌드에 영어로 '4차 산업혁명'을 입력하면 어떤 결과가 나올까요? 1위 남아프리카공화국, 2위 한국입니다. 남아프리카공화국과 한국의 4차 산업혁명에 관한 관심 정도는 각자가 10위권의 다른 나라 모두를 합한 수치보다 압도적으로 높아요. 미국은 어디쯤 있을까요? 9위입니다. 한국의 4차 산업혁명 키워드 검색 횟수를 92로 놓았을 때 미국의 키워드 검색 횟수는 5에 불과합니다. '4차 산업혁명'이라는 말은 남아프리카공화국과 한국에서 다른 나라들과는 비교도 안 될 정도로 '핫한' 반응을 불러일으키고 있다는 이야기지요.

4차 산업혁명 키워드 검색 동향
출처: 구글 트렌드

트위터에 언급된 4차 산업혁명 키워드 노출 횟수를 살펴보는 것도 고려해볼 만해요. 실제로 2018년 6월을 기준으로 하루에 올라오는 트윗 대비 4차 산업혁명이라는 단어가 포함된 트윗의 수를 살펴보니 한국이 미국보다 10배 정도 많았습니다.

시시하고 별거 아니라고요? 맞습니다. 사실이에요. 빅데이터에 접근하는 것은 거창하고 어려운 일이 아닙니다. 빅데이터야말로 우리에게 가장 먼저 다가온 미래니까요. 게다가 아마존도 구글 트렌드도 모두 무료 서비스입니다. 비밀 서비스는 더더욱 아니에요. 전 세계 어디서나 누구든 무료로 이용할 수 있어요. 이용 방법도 그다지 어렵지 않고요. 중요한 것은 누가 기술을 더 잘 다루느냐가 아니라 세상에 널린 빅데이터 중 어떤 데이터를 골라 어떻게 활용하느냐입니다.

지금 여러분이 만들고 있는 업무 보고서, 교과목 리포트, 블로그 게시글 등 그 어떤 것이든 빅데이터를 이용하면 좀 더 설득력 있는 근거를 확보할 수 있어요. 제가 "미국에 있으면서 4차 산업혁명에 대해 말하는 사람은 한 번도 본 적 없어요!"라고 주장하는 것과, "구글 트렌드와 트위터의 빅데이터를 확인한 결과 한국의 4차 산업혁명에 대한 관심도가 세계 최고 수준임을 알았어요!"라고 말하는 것의 차이가 느껴지나요?

구글의 데이터과학자 다비도위츠에 관해 잠시 이야기해볼까요? 그는 하버드대학에서 경제학 박사 과정을 공부할 당시에 버락 오바마 대통령이 당선되는 과정을 지켜봤다고 해요. 당시 수많은 언론과 학자들이 인종주의의 종식을 선언하면서 흑인 대통령의 탄생을 축하했는데요. 정작 그는 구글 트렌드를 살펴보다가 사람들의 직관적 판단과는 전혀 다른 결과를 발견하게 됩니다.

오바마가 당선되던 날, 일부 주는 '최초의 흑인 대통령'보다 '깜둥이 대통령'을 더 많이 검색했고, 각종 백인 우월주의 사이트는 검색과 가입이 10배 이상 늘었다는 사실을 말이에요. 그가 이런 내용을 바탕으로 쓴 논문은 세계적 학술지《공공경제학저널*Journal of Public Economics*》에 소개됐고 이를 본 구글은 그를 데이터과학자로 채용합니다.

직관 vs 데이터

우리는 주변의 시시해 보이는 데이터들을 모아 많은 것을 할 수 있어요. 앞서 잠시 소개했지만, 뉴욕에서 건축 설계를 하는 제 동생은 토지별로 최적화된 건축물을 설계하는 프로젝트를 하면서 주변의 빅데이터를 활용했는데요. 뉴욕의 한 사이트를 선택한 후 뉴욕시에서 제공하는 공공 데이터(용적률 등 건축법과 관련한 데이터, 층별로 확보되는 시야나 전망에 관한 데이터, 소음과 관련한 데이터 등)와 트위터, 페이스북, 옐프 등 소셜 미디어에 나타난 데이터를 한데 모아 각 지역에 최적화된 건물의 높이와 모양을 찾는 분석 작업을 진행했어요.

디지털 건축 설계 분야에서 상당히 앞서가고 있다고 평가되는 컬럼비아대학에서도 이런 동생의 시도가 매우 신선하다고 평했던 것을 보면, 우리가 따라가야 할 빅데이터 기술이 생각보다 그리 멀리 있지 않은지도 모릅니다.

물론 이렇게 큰 규모의 데이터를 분석하기 위해서는 약간의 데이터 코딩 기술이나 통계 지식을 활용할 수 있다면 더 좋겠지요. 최근 한국에서 개최된 행사에 참석해보니, 조만간 코딩 작업이 익숙하지 않은 사람들도 쉽게 데이터를 분석해 이용할 수 있도록 돕는 각종 플랫폼 서비스들이 쏟아져 나올 예정이라고 해요. 그만큼 우리가 앞으로 빅데이터를 활용할 수 있는 방법은 점점 더 늘어나지 않을까 생각합니다. 비슷한 맥락에서 구글의 수석 경제학자 할 배리언Hal Varian은 "앞으로 10년 이내에 통계학자가 가장 매력적인 직업이 될 것이라고 확신한다"라고 말하기도 했어요.

그렇다면 앞으로는 데이터가 직관보다 중요할까요? 만일 '이제 직관의 시대가 가고 데이터의 시대가 오는구나'라고 생각했다면 여러분의 사고는 아직 과거의 패러다임에 머물러 있는 것일지도 모릅니다. 넷플릭스의 최고콘텐츠책임자CCO인

테드 서랜도스^{Ted Sarandos}는 의사결정을 할 때 직관에 의존하는
지 아니면 데이터에 의존하는지를 묻자 이렇게 답했습니다.
"70퍼센트는 감, 30퍼센트는 데이터"라고요. 여전히 직관과
영감이 우리를 어디로 이끄는지 잘 살펴봐야 한다는 말이겠
지요. 이를 위해 우리는 양자택일에 익숙한 사고 습관부터 경
계할 필요가 있습니다. 다비도위츠도 데이터와 직관의 조화
에 대해 다음과 같이 이야기했어요.

"빅데이터에서 식견을 짜내려면 무엇보다 적절한 질문이 중요
합니다. 밤하늘 아무 곳에나 망원경을 놓고 명왕성을 발견할 수
는 없듯이 엄청난 데이터를 내려받는다고 해서 인간 본성의 비
밀을 발견할 수 있는 것은 아니에요. 가능성이 큰 곳을 봐야 합
니다."

유휴 에너지 사용력

이쯤 되면 우리 사회가 4차 산업혁명에 유난히 호들갑이라
는 사실을 인정해야 할 것 같습니다. 흥분을 가라앉히고 잠시
생각해보면 알 수 있었어요. 우리가 진짜 알아야 하는 것이 4차
산업혁명이라는 말 자체는 아니라는 사실을요. 중요한 것은

그 말 속에 담긴 의미겠지요. 이 점을 명확하게 인식하고 있다면 4차 산업혁명에 대한 우리 사회의 뜨거운 반응이 호들갑이냐 아니냐 하는 논란은 그다지 중요한 이야기가 아닐 겁니다. 심지어 이 우주 전체에서 우리만 4차 산업혁명을 떠들고 있으면 또 어떤가요?

요즘 우리가 4차 산업혁명 이야기만 나오면 귀가 따갑도록 듣는 말이 "독특한 일을 하는 것을 즐겨라", "남들이 하는 것은 절대 따라 하지 마라" 등이잖아요. 우리는 나이를 불문하고 튀는 행위에 대해서는 일단 부정적인 반응부터 보이는 경향이 있어요. 하지만 우리도 모르는 사이에 보내는 이런 작은 피드백이 네트워크로 이뤄진 복잡한 세상에서는 사회 전체의 구조를 바꾸는 힘을 만들어낼 수도 있습니다. 그만큼 연결과 상호작용의 힘이 강력하다는 이야기에요. 우리만 유독 4차 산업혁명을 떠들고 있다고 해서 부끄러워할 이유가 전혀 없습니다. 호들갑이든 뭐든 간에 우리 사회에 뜨거운 에너지가 모인다는 또는 모였다는 점이 중요하겠지요.

사회학자 하워드 오덤 Howard Odum 은 이런 말을 했어요. "인류 진보의 궁극적인 한계를 긋는 것은 인간의 영감이 아니라 에너지원이다. 역사적으로 어느 사회에서나 가장 중요한 강제력은 남는 에너지의 사용 능력이다"라고요. 우리가 지금부터 해야 할 일은 우리의 독특한 이 에너지를 어떻게 활용하면 우리의 미래가 더 재미나고 풍요로워질 수 있을지에 대한 고민이 아닐까요?

#빅데이터 #범용기술 #직관 #데이터 #아마존 #4차 산업혁명 #구글 #구글 트렌드 #트위터 #피드백 #직관×데이터 #유휴 에너지 사용력

3부

연결되는 세상,
연결하는 지능

나는 왜 창의적이지 않을까?

_ 사고의 범주화×패턴인식 사고

사람들은 나를 유물론자라고 부르지만
나는 스스로를 패턴주의자라고 생각한다.
_ 레이 커즈와일

🎵 **The Moon Song** – 스칼렛 요한슨

패턴인식 사고

사실 우리 뇌는 복잡한 연결의 모습을 가장 잘 보여주는 사례라고 할 수 있어요. 이번 장과 다음 장에서는 그중에서도 가장 놀라운 비밀을 담고 있는 '창의성'에 관해 이야기하려 해요. 창의적인 사람들의 특징을 한마디로 설명하기는 매우 어렵습니다. 새롭고 놀라운 아이디어를 떠올리는 사람들은 저마다의 방식으로 개성 있고 창의적이니까요. 창의적인 사람들도 자신의 실제 모습을 알기 어렵다고 해요.

인지심리학자 스콧 배리 코프먼Scott Barry Kaufman은 그 이유를 이렇게 설명합니다. 창의적 자아는 그렇지 않은 자아보다 훨씬 복잡하기 때문이라고요. 그의 주장에 따르면 창의적인 사람들은 마음속에 수많은 아이러니가 있는 데다 대부분 산만합니다. 그렇다고 쉽게 포기할 수는 없겠지요. 우리가 창의적인 사람들의 정체를 완전히 파악하지는 못하더라도 그 사람들의 사고방식이나 행동을 세심하게 살펴본다면, 그들에게 나타나는 어떤 '패턴'을 찾을 수 있을 거예요.

우리의 뇌가 감각기관을 통해 정보를 받아들이고 그 안에서 일정한 패턴을 찾아내는 능력을 '**패턴인식**pattern recognition'이라고 하는데요. 미래학자 레이 커즈와일은 패턴인식 능력이야말로 인간 사고의 중심축을 이루는 고도로 진화된 능력이라면서, "사실 패턴인식은 인간 신경회로 활동의 대부분을 차지하고 있다"라고 말했어요.

패턴인식에 관해서는 많은 학자가 이야기하고 있어요. 경제학자 프랭크 레비Frank Levy와 리처드 머네인Richard Murnane이 함께 쓴 『노동의 새로운 분업The New Division of Labor』이라는 책을 보면, 앞으로 인간이 인공지능보다 우위에 설 수 있는 분야가 두 가지 있다고 해요. 바로 패턴인식과 복잡한 의사소통 능력입니다.

최근의 기술 발전 속도를 보면 언젠가는 이 두 분야에서도 인간이 인공지능에 밀릴 가능성이 전혀 없는 것은 아니지만, 인간이 마지막까지 경쟁력을 가질 분야가 창의력이라는 점만은 분명해 보입니다. 그날이 아주 천천히 오기를 바라면서, 창의적인 사람들에겐 어떤 패턴이 있는지 생각해볼까요?

사고의 범주화

창의성의 패턴을 찾기 전에 먼저 그다지 창의적이지 않은 평범한 우리의 일상 속으로 가볼게요. 만일 제가 어느 빌딩 12층에 있는 친구의 사무실을 오늘 처음 방문한다고 해요. 약속 시간에 맞춰 빌딩에 도착한 저는 엘리베이터를 찾은 뒤 호출 버튼을 누를 거예요. 이때 엘리베이터 호출 버튼은 엘리베이터의 오른쪽 벽에 있을 수도 있고, 왼쪽 벽에 있을 수도 있고, 때에 따라서는 좀 떨어진 곳에 있을 수도 있어요. 그 모양도 빌딩에 따라 세모, 화살표, 원 등 다양하게 생겼을 테지만 어쨌든 저는 이 버튼을 누르겠지요.

친구 사무실에 무사히 도착한 뒤 친구가 이 과정에 관해 묻는다면, 저는 엘리베이터의 어느 쪽에 어떤 모양의 버튼이 있었는지 따위는 기억조차 못 할 거예요. 그저 엘리베이터라고 생각되는 것이 있었고, 평소대로 버튼을 찾아 눌렀더니 엘리베이터가 오더라고 답할 수밖에요.

잠깐! 그런데 저는 어떻게 그 은색 물체만 보고도 엘리베이터라는 것을 바로 알아차릴 수 있었을까요? 저는 왜 문을 두드리거나 직접 열려고 하지 않고 자연스럽게 버튼을 찾아 눌렀을까요? 답은 간단합니다. 원래 그렇게 하는 거니까요!

인지과학자 더글러스 호프스태터Douglas Hofstadter와 에마뉘엘 상데Emmanuel Sander는 그들의 공동 저서인 『사고의 본질 Surfaces and Essences』에서 우리가 '이럴 땐 이렇게 하는 거야'라고 느끼는 이유를 '사고의 범주화categorization'라는 말로 설명해요. 단어가 낯설게 느껴질 수 있지만, 풀어서 설명하면 이렇습니다.

저는 분명 오늘 그 빌딩에 처음 갔어요. 그러니 그 엘리베이터를 본 적도 없지요. 예전에 그 엘리베이터와 정확히 똑같은 엘리베이터를 봤을 가능성도 희박해요. 설령 봤더라도 조금 다른 모양이었을 겁니다. 하지만 저는 이전에 다른 빌딩이나 아파트에서 이 엘리베이터와 비슷한 엘리베이터를 수없이 타봤어요.

이런 상황에 직면하면 우리 뇌는 새로운 엘리베이터를 보는 그 순간, 우리가 미처 인식하지 못하는 방식으로 이전 경험 중에 비슷한 것들을 찾아냅니다. 그리고 그 연장선에서 지금의 상황을 해석하고 적절한 대응 방안을 마련합니다. 이 과정을 통해 우리는 똑같은 모양의 엘리베이터를 타본 적이 없어도 '늘 그랬듯' 잠시의 고민도 없이 버튼을 누르고 엘리베이터를 탈 수 있지요.

다시 말해 우리의 뇌는 머릿속의 카테고리를 재빨리 검색해서 처음 접하는 대상과 상황을 끼워 넣는 작업을 쉴 새 없이 계속하고 있어요. 이 과정이 바로 호프스태터와 상데가 말하는 '사고의 범주화'이고, 그런 메커니즘이 바로 '유추analogy'입니다.

국어사전을 찾아보면 유추는 "같은 종류의 것 또는 비슷한 것에 기초하여 다른 사물을 미루어 추측하는 일"을 의미해요. 위키피디아는 "두 개의 특수한 대상에서 어떤 징표가 일치하기 때문에 다른 징표도 일치함을 추정하는 것"이라고 설명합니다. 결국 유추의 의미는 서로 비슷하지만 완전히 같지는 않은 것들을 연결하는 데 있지요.

호프스태터와 상데는 유추를 통해 과거의 기억을 불러일으키는 것이야말로 인간성의 핵심과 매우 밀접하다고 말합니다. 왜 어떤 생각은 비슷한 다른 생각을 불러오는지 그 이유를 묻는 것은 마치 돌이 왜 아래로 떨어지는지를 묻는 것과 같다고요. 간단히 말해 우리는 세상을 인식하기 위해 눈과 귀에 의존하는 만큼이나 자연스럽게 유추에 의존하고 있다는 이야기입니다.

이처럼 우리는 유추를 통해 새로운 경험을 과거의 경험과 연결해 뇌 속의 카테고리 안에 집어넣는 작업을 반복합니다. 이 과정은 두 가지 결과를 가져오는데요. 하나는, 우리가 유추라는 사고 과정 덕분에 새로운 사물이나 상황에 직면해도 당황하지 않고 의연하게 대처할 수 있게 된다는 거고요. 다른 하나는, 우리의 뇌가 낯설고 새로운 상황을 과거의 경험과 순식간에 연결하기 때문에, 신선한 자극이 될 수 있었던 오늘을 우리도 모르는 사이에 그저 과거와 이어진 편안한 일상의 순간으로 바꿔버린다는 거예요.

그런 면에서 세상에 대한 호기심과 창의성으로 가득했던 어린아이가 점점 어떤 자극에도 심드렁한 어른이 되어가는 과정은 생존을 위한 자연스러운 과정이라고 할 수 있습니다. 만일 우리 뇌가 새로운 경험을 과거의 비슷한 경험과 연결해 머릿속의 카테고리에 집어넣는 방법을 알지 못한다면, 우리는 오늘도 새롭게 접한 엘리베이터 앞에 서서 이것이 도대체

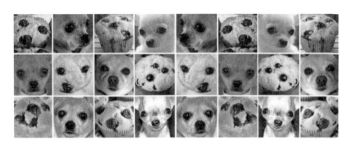

컴퓨터가 쉽게 구별하지 못하는 치와와와 초콜릿 머핀
출처: medium.freecodecamp.org

무엇에 어떻게 쓰는 물건인지를 고민하느라 많은 시간을 보내야 할 겁니다.

치와와 초콜릿 머핀을 쉽게 구별하지 못하는 컴퓨터를 생각해보면 쉽게 이해할 수 있을 거예요.

유추의 과정

우리의 일상에서 쉽게 발견할 수 있는 유추는 고대 철학자 플라톤이나 아리스토텔레스에게도 열렬한 지지를 받았다는 기록이 있을 정도로 유서 깊어요. 플라톤과 아리스토텔레스는 유추를 단순한 표현법이 아닌 '**사고의 비옥한 매개체**'라고 치켜세우는 동시에 유추가 가진 모호성을 경고하고 비판하기도 했다고 알려져 있죠. 철학자 칸트는 유추를 창의성의 원천으로 생각했다고 합니다.

무언가 알 듯 모를 듯하지요? 인간은 생존하기 위해 지금 일어나는 일을 과거의 일과 비교하고, 그 유사성을 활용해 앞으로 나아갈 길을 찾습니다. 그런데 이렇게 우리의 새로운 경험을 과거의 유사한 경험과 연결해주는 유추의 사고 과정이 어떻게 사고의 비옥한 매개체가 되고 창의성의 원천으로까지 이어질 수 있는 걸까요?

이 질문에 답하기 전에 먼저 난센스 퀴즈를 하나 풀어볼까요? 여러분도 한번쯤 들어본 적이 있을 거예요.

질문: 산토끼의 반대말은?

자, 여러분은 어떻게 답했나요? 만일 '집토끼'가 가장 먼저 떠올랐다면, 여러분의 뇌는 위 문제를 읽고 이런 과정을 거쳤을 겁니다. '산토끼는 산이나 들에서 사는 길들지 않은 토끼다. → 산토끼의 반대말은 집에서 기르는 토끼다. → 그러므로 정답은 집토끼!' 사전적 의미로는 정답에 가장 가까운 답이에요.

초등학생 딸에게 같은 문제를 던졌더니 "끼토산!"이라고 답합니다. 딸의 뇌는 산토끼를 세 음절로 이뤄진 하나의 단어로 인식해서 순서를 뒤집었음을 짐작할 수 있죠. 그러고는 한 가지 답을 더 내놓습니다. "그리고 바다토끼!" 아, 산토끼를 본 적이 없는 어린아이들에게 산토끼는 정말 산에 사는 토끼이겠구나 싶었습니다.

이외에도 인터넷을 찾아보면 '죽은 토끼', '판 토끼', '알칼리 토끼' 등의 답이 떠돌아다녀요. 이제 우리는 각각의 답을 보고 뇌가 어떤 기억에 산토끼를 먼저 연결한 뒤에 답을 골랐는지 예상할 수 있습니다.

앞서 소개한 호프스태터와 상데는 이렇게 말해요. 우리는

죽은토끼

판 토끼

10000

알칼리 토끼

바다토끼

산토끼
⨯
끼토산

끼토산

산토끼

집토끼

유추의 과정이 마치 옷장의 서랍에 옷가지를 나눠 넣듯이 경계가 명확하고 분명한 작업이라고 생각하기 쉽지만, 사실은 그렇지 않다고요. 실제로 머릿속에서 어떤 대상이나 상황을 기존 카테고리에 연결하는 것은 매우 잠정적이고 윤곽이 흐릿한 작업이라고 말이에요. 우리는 이제 이 말을 이해할 수 있습니다. 죽은 토끼도, 판 토끼도, 알칼리 토끼도 모두 이런 '흐릿한 영역'의 어딘가에서 연결됐다는 사실도 알 수 있지요.

저는 창의성이 숨어있는 곳은 바로 이 잠정적이고 윤곽이 흐릿한 곳이라고 생각합니다. 새로운 대상이나 문제를 접했을 때, 우리의 뇌가 자신도 모르는 사이에 이미 알고 있던 무엇이 아니라 낯설고 명확하지 않지만 분명하게 말이 되는 흐릿한 영역으로 우리의 사고를 연결해준다면, 그런 유추는 우리의 사고를 비옥하게 만들고 우리를 창의적으로 만드는 원천이 될 거예요.

여전히 혼란스러운 분들을 위해 또 다른 사례를 들어볼게요. 혹시 뉴욕 맨해튼에서 시외로 나가는 기차인 뉴저지 트랜짓NJ Transit을 타본 적 있나요? 저는 동생이 사는 맨해튼에 들렀다가 집으로 돌아올 때 뉴와 공항을 이용하기 위해 오큘러스 역에서 뉴저지로 연결되는 기차를 탄 적이 있습니다. 이때 기차표를 끊고 승강장을 찾던 저는 매표소 양옆으로 무수히 많은 엘리베이터가 늘어서 있는 낯선 광경을 봤어요. 각각의 엘리베이터 문 위에는 1, 2, 3… 이런 식으로 숫자만 달랑 적혀 있고 누름 버튼도, 층수를 표시하는 숫자도 찾을 수 없었습니다. 단지 은색의 문들이 늘어서 있고 그 앞으로 사람들이 줄을 서 있는 낯선 광경이었지요. 저는 결국 주위 사람에게 물었습니다.

"뉴저지 행 기차는 어디서 타나요?"

다행히 친절한 아저씨가 제 질문에 답해줬습니다.

"표 좀 보여줄래요? 아… 이 기차는 저쪽 9번 문 앞에서 기다리면 와요."

저는 9번 엘리베이터 문을 향해 걸으며 딸에게 농담 삼아 말했습니다.

"엘리베이터 문이 열리면 그 안에 기차가 타고 있나 본데?"

그 순간 저의 뇌는 이 새로운 상황과 그나마 유사한 경험인 '주차 빌딩의 자동차 엘리베이터'를 연결한 거죠. 그래서 실제로 엘리베이터 문이 열리니 기차가 타고 있었냐고요? 물론 그렇지는 않았습니다. 문이 열리자 어디서나 볼 수 있는 기차역이 나타나더라고요. 그 역은 매표소가 위치한 건물과 외부 기차 승강장의 층고 차이를 이용해 매표소와 승강장을 특이한 방식으로 연결하는 구조였던 겁니다.

이쯤에서 제 친구가 일하고 있는 빌딩으로 돌아가 볼까요? 다시 1층 엘리베이터 앞에 선 저의 뇌는 순식간에 과거에 엘리베이터를 탔던 기억을 불러올 겁니다. 물론 이번에도 더 비슷한 기억인 다른 빌딩이나 아파트에서 엘리베이터를 탔던 경험을 먼저 연결할 테지요. 그러나 제 기억 밑바닥 어딘가에는 오큘러스 역 엘리베이터도 연결을 기다리며 잠들어 있을 겁니다. 이제 제게 오큘러스 역 엘리베이터는 언젠가 연결될 가능성이 있는 '잠정적이고 윤곽이 흐릿한 영역'에 존재하는 기억이 된 거죠.

여기서 좀 더 나아가면 오큘러스 역 엘리베이터의 경험은 제가 엘리베이터와 연결할 수 있는 잠정적이고 윤곽이 흐릿한 영역을 계속 확장할 수도 있습니다. 무슨 말인가 하면, 이제 저의 뇌는 엘리베이터를 보고 평범한 엘리베이터만 떠올릴 수도 있지만, 어느 날에는 맨해튼의 오큘러스 역을 떠올릴 수도 있고, 또 다른 날에는 『해리포터』에 등장하는 호그와트 마법 학교로 가는 런던 킹스크로스 역의 기차 승강장을 연결할 수도 있을 거예요. 어떤 날에는 드라마 〈도깨비〉에 나오는 캐나다 퀘백시로 가는 빨간 문을 연결할지도 모르고요. 왜냐고요? 오큘러스 역의 경험이 엘리베이터에 대한 제 고정관념을 흔들었기 때문이에요. 엘리베이터를 둘러싼 저의 잠재적 연결고리가 확장됐다는 의미입니다.

이렇게 잠정적이고 윤곽이 흐릿한 영역에서 연결되는 경험이나 기억에는 특징이 있습니다. 우리의 뇌가 알아서 자연스럽게 먼저 그 경험을 끄집어내고 연결해주지는 않지만, 일단 어떤 계기로 한번 연결되고 나면 '왜 나는 그동안 이. 생각을 못 했을까?' 싶을 정도로 분명하게 '말이 된다'는 점이죠. 새로운 문제를 만났을 때, 낯선 사물을 접했을 때, 그 상황을 흐릿한 영역과 기가 막히게 잘 연결해내는 사람을 보면 우리는 느낍니다. '오! 이 사람 창의적인데?'

어떤가요? 머릿속이 조금 말랑말랑해졌나요? 그렇다면 이제 본격적으로 창의적인 사람들의 사고 패턴을 찾으러 가보죠.

#패턴 #패턴인식 #사고의 범주화 #유추 #창의성의 탄생 #사고의 비옥한 매개체

가여운 아르키메데스는…

_ 창의성 패턴×확장 가능한 협력

창의성은 연결하는 것이다.
_ 스티브 잡스

♫♪ **Coffee House −5mg**

저는 운이 좋은 사람입니다. 누구보다 가까이서 창의적인 사람들을 만나고 대화할 수 있었으니까요. 돌이켜보면 방송국에서 라디오 프로듀서로 일한 10여 년 동안 제가 미처 의식하지도 못하는 사이에 창의성의 패턴을 보고 느끼는 소중한 경험을 했습니다. 방송 프로그램을 제작하는 스태프는 물론 매일 프로그램에 찾아왔던 수많은 출연자가 제게 새로운 영감을 (때로는 극도의 피로감을) 안겨주곤 했지요.

그러나 제가 창의성의 패턴을 더 많이, 더 자주 만난 곳은 책입니다. 인간의 모든 역사를 녹여낸 창의적 사고의 패턴들이 살아 숨을 쉬는 책 속에서 그동안 제가 만난 사람들의 그것과는 비교조차 안 될 정도로 빽빽하고 촘촘히 늘어선 창의성의 패턴을 봤으니까요. 여기서는 지금까지 제가 발견한 창의적 사고의 패턴에 관한 이야기를 하려고 해요.

제가 생각하는 창의성의 패턴은 ①다양하고 강렬한 경험 ②의외의 집착, 열정 또는 몰입 ③낯설지만 분명한, 새로운 연결로 이루어져 있어요. 지금부터 이 세 가지를 하나씩 살펴 볼게요.

패턴 1: 다양하고 강렬한 경험

창의적인 사람은 일단 경험의 폭이 넓어요. 직접적인 경험은 물론 독서나 사색을 통한 간접적인 경험의 폭도 넓어요. 창의성 하면 떠오르는 스티브 잡스의 인터뷰를 잠시 살펴볼까요?

"창의성은 그들이 경험했던 것을 새로운 것으로 연결할 수 있을 때 생겨납니다. 이런 능력은 그들이 다른 사람들보다 더 많은 경험을 하고, 그들의 경험에 대해 더 많이 생각했기 때문에 가능한 거죠. 제가 가장 안타까운 것은 컴퓨터 업계에서 일하는 많은 사람이 다양한 경험을 하지 못했다는 사실입니다. 그런 사람들은 연결할 점들이 부족하므로 문제에 대한 폭넓은 관점을 갖지 못하고 일차원적인 해결책만을 내놓거든요."

창의성의 출발점에는 경험이 있습니다. 우리의 뇌는 새로운 대상이나 문제를 마주하면 우리가 인식하지 못하는 순간에 이미 우리가 그동안 쌓아온 경험과 기억들을 찾아내 연결해요. 우리의 경험은 창의성을 꽃피울 잠재적 씨앗이자 창의성이 자라나는 잠재적 양분인 셈이에요. 하지만 우리는 미래에 어떤 일이 일어날지, 어떤 문제가 생길지 알 수 없습니다. 미래에 우연히 찾아올 '뜻밖의 연결'을 기대하며 일단 많은 경험을 해보는 수밖에요.

우연한 경험, 놀이

영어 단어 중에 이런 우연한 연결을 의미하는 표현이 있는데, 바로 '세렌디피티serendipity'입니다. 과학 저술가 스티븐 존슨Steven Johnson에 따르면 세렌디피티는 페르시아 동화 『세렌디프의 세 왕자The Three Princes of Serendip』에서 유래한 말이라고 해요. 이 동화는 주인공들이 의도하지 않았던 소중한 것들을 아주 우연히 발견하게 되는 내용인데요. 소설가 존 바스John Barth는 세렌디피티를 만나는 방법을 이렇게 묘사하기도 했어요.

"경로를 미리 정해서는 세렌디프에 도달하지 못합니다. 다른 곳에 도착할 거라고 굳게 믿으며 우연히 방위를 잃어버려야 해요."

다양하고 폭넓은 경험을 쌓으려면 뚜렷한 목적이 없는 편이 더 유리할 수 있어요. 목적의식 없는 **우연한 경험**의 대표적인 예가 '놀이'지요. 전문가들이 창의성 계발을 위해 놀이를 강조하는 이유가 여기에 있습니다. 슈퍼 마리오나 위 핏Wii Fit을 만들어 '비디오 게임계의 월트 디즈니'라는 별명을 얻은 미야모토 시게루宮本茂는 이렇게 말했어요. "나의 창의적 영감의 원천은 어린 시절 만끽했던 유쾌한 놀이"라고요. 그런가 하면 발달심리학자 레프 비고츠키Lev Vygotsky는 "아이의 놀이는 창의적 상상의 발상지"라고 말했습니다.

MIT 미디어랩의 석좌교수 미첼 레스닉Mitchel Resnick도 창의적 놀이를 강조하는 사람 중 하나입니다. 그는 창의적 학습을 위한 '평생 유치원Lifelong Kindergarten'이라는 이름의 연구 그룹을 이끌고 있는데요. 이 활동을 통해 아이뿐 아니라 어른에게도 놀이가 중요하다는 점을 세상에 알리고 있습니다. 레스닉은 어린이 코딩 학습에 관심 있는 사람이라면 한 번쯤 들어봤을 프로그램인 '스크래치Scratch'의 개발자이기도 해요. 제 딸도 좋아하는 스크래치는 어린이들도 컴퓨터 코딩을 가까이할 수 있도록 그래픽 위주로 설계된 학습용 프로그래밍 언어입니다.

레스닉은 처음 컴퓨터가 등장했을 때 사람들이 이제야 인문학과 과학을 구분하지 않고 통합적으로 이해할 수 있게 될 거라는 생각에 매우 기뻐했다고 합니다. 하지만 실제 세상은 안타깝게도 컴퓨터가 사용자 친화적으로 변해갈수록 자라나던 '새싹 프로그래머'는 자취를 감추고, 프로그램에는 전혀 관심 없는 '수동적 소비자'들이 늘어나는 방향으로 흘러갔지요. 레스닉은 자신의 아이들만이라도 자기 손으로 직접 만든 게임과 소프트웨어를 가지고 놀이하게 해주고 싶어서 스크래치를 만들었다고 해요.

최근 직장인 사이에서 당장 돈은 안 되지만 자신이 좋아서 하는 딴짓이라는 의미의 '사이드 프로젝트side project'가 각광을 받고 있는데요. 이런 트렌드도 우연한 경험의 확장이라는 측면에서 설명할 수 있을 거예요.

실패의 경험, 트라우마

그런가 하면 목적하지 않았지만, 우리가 한 번은 반드시 겪게 되는 일 중에 실패나 좌절의 경험도 있지요. 우리는 상처를 오래 기억한 나머지 실패를 더욱 두려워해요. 한편으로 이 말은 실패하고 좌절했던 기억은 더 강렬하고 인상적이라는 뜻이기도 합니다. 강렬한 **실패의 경험**은 마치 인형 뽑기 기계에 들어있는 수많은 인형과 같아서 미래의 어느 순간 우연히 뽑혀 나오기 쉬워요. 이런 이유로 창의성은 우리에게 말합니다. 실패의 경험이야말로 미래의 어느 날 새롭고 놀라운 무언가로 탄생할 커다란 잠재력을 품고 있다고 말이에요.

심리학자 리처드 테데스키Richard Tedeschi와 로런스 캘훈Lawrence Calhoun은 다양한 형태의 트라우마와 좌절을 극복하면서 사람들의 심리에 나타나는 변화를 '외상 후 성장'이라고 불렀는데요. 그들은 이렇게 말합니다.

"사람들은 자신이 세계에 대해 구축한 신념과 가정을 발전시키면서 동시에 거기에 의존합니다. 트라우마를 겪은 뒤 성장하려면 트라우마를 불러온 사건이 그런 신념 체계를 뿌리째 흔들어야 합니다."

앞서 소개한 인지심리학자 스콧 배리 코프먼은 『창의성을 타고나다Wired to Create』라는 책에서 "트라우마가 우리의 세계관과 신념과 정체성을 산산이 부수는 방식은 가히 지진의 위력에 버금간다"라고 말합니다. 우리는 사고와 신념의 가장 근본적인 구조에 어마어마한 충격을 받은 후에야 비로소 통념에서 벗어나 우리 자신과 세계를 새롭게 구축하는데, 이런 재건의 과정에서 창의성이 탄생한다는 거지요. 심리학자 마리 포르제아르Marie Forgeard는 이렇게 말했어요. "트라우마를 겪은 사람들은 불운한 사건의 위력에 밀려, 그 일이 아니었더라면 결코 떠올리지 못했을 질문에 대해 생각할 수밖에 없다"고요.

소중한 간접 경험, 독서

시험이나 성적으로부터 자유로운, 다양하고 풍부한 독서도 우리에게 빼놓을 수 없는 경험이자 기억입니다. 독서는 이 세상의 모든 경험이나 기억을 압축해서 흡수할 수 있다는 점에서 분명 훌륭한 창의성의 잠재적 재료예요. 안타깝게도 이런 독서를 통한 **간접 경험**은 덜 강렬할 수밖에 없다는 약점이 있어요.

따라서 우리의 뇌가 미래의 어느 순간에 몇 년 전 책에서 읽었던 내용을 찾아내 새로운 문제 상황과 연결하게 될 확률은, 실제 경험했던 기억을 연결할 확률보다 현저히 낮을 수밖에 없습니다. 독서 과정에서 충분한 사색이나 대화와 토론을 병행해야 하는 이유가 바로 여기 있어요.

책을 통해 알게 된 내용을 우리가 실제로 경험한 것처럼 입체적이고 강렬한 모습으로 변화시킬 필요가 있어요. 그런 의미에서 교육을 통한 습득은 스스로 학습을 통한 깨달음을 능가하기가 어렵습니다. 우리가 다른 사람을 통해 전달받는 수업이나 강의는 결국 '간접 경험의 간접 경험'인 셈이니까요.

복잡성을 이야기하면서 언급했던 넷플릭스를 다시 한번 살펴볼까요? 넷플릭스는 조직 내 복잡성의 증가를 기업 위험성으로 평가했다고 말했어요. 넷플릭스가 그 해결 방안으로 이야기하는 것이 있어요.

넷플릭스는 복잡성 증가를 해결할 열쇠로 사람을 말합니다. 복잡성이 증가하는 속도보다 더 빠르게, 뛰어난 성과를 내는 인재의 비율을 높여야 한다는 주장이에요. 그러면서 이렇게 설명하죠.

"수업, 멘토링 등의 형식적인 프로그램은 거의 효과가 없습니다. 뛰어난 성과를 내는 인재는 경험, 관찰, 성찰, 독서, 토론을 통해 스스로 성장해요. 그들이 뛰어난 사람들과 큰 도전에 둘러싸여 있는 한 말이에요."

저는 넷플릭스가 말하는 인재가 바로 창의적인 사람이라고 생각합니다. 그들의 성장 방법으로 가장 먼저 경험을 이야기한 게 우연은 아닐 거예요.

패턴 2: 의외의 집착, 열정 또는 몰입

집착이라고 하니 다소 의아한가요? 잠시 과거로 돌아가 보겠습니다. 여러분은 이별해본 적이 있나요? 사랑하는 사람과 헤어지는 경험을 해본 사람이라면 알 거예요. 갑자기 세상의 모든 이별 노래의 가사 한 구절 한 구절이 생생하게 가슴속을 파고들고, 드라마 속 이별이 마치 내 일인 양 마음이 저리고, 공원 벤치에서도 떨어지는 낙엽에서도 내리는 빗방울에서도 그 사람이 보이는 경험.

이는 충격을 받아서 뇌에서 이별과 관련한 카테고리가 활성화됐기 때문인데요. 활성화된 뇌의 카테고리는 이렇게 자신과 연결될 것들을 찾아 헤맵니다. 버려진 고양이도, 부러진 우산도, 낡아빠진 운동화도, 짝을 잃어버린 장갑도 나의 이별을 떠올리게 하지요.

유레카의 순간, 집착과 열정

앞서 소개한 호프스태터와 상데는 이런 상황을 '**집착**'이라고 표현합니다. 그리고 집착은 가능한 한 모든 유형의 상황에 적용되는 풍부한 유추와 흥미로운 연결고리를 만들어낸다고 말해요. 이별 장면을 다시 떠올려볼까요? 우리는 그 순간 모든 사물과 현상을 이별에 연결할 수 있습니다. 풍부한 유추와 흥미로운 연결이 폭발적으로 생겨나지요. 이렇게 유추는 사고의 비옥한 매개체이자 창의성의 원천이 됩니다.

호프스태터와 상데는 아르키메데스가 욕조에서 맞은 '**유레**

카의 순간'을 이렇게 묘사해요.

"우리는 왕이 충직한 종복인 아르키메데스에게 가한 압력을 고려해야 합니다. 가여운 아르키메데스는 안절부절못하면서 왕관의 부피를 계산할 방법을 찾으려고 머리를 쥐어짜 내지요. 그는 모든 곳에서 다른 사람은 전혀 보지 못하는 부피를 보기 시작했을 겁니다. 그래서 왕관이 부피를 지닌다는 생각에서 출발한 그는 곧 문도 부피를 지니고, 의자도 부피를 지니고, 동물도 부피를 지니고, 사람도 부피를 지니고, 나 자신도 부피를 지니고, 나의 신체 부위도 다양한 부피를 지니고, 내가 욕조에서 밀어낸 물도 부피를 지닌다는 것을 깨닫고, '아하! 바로 그거야!'라고 환호했을 거예요."

그런가 하면 MIT의 레스닉은 이런 상태를 '**열정**'이라고 표현했습니다. 열정을 가진 사람은 마치 어린아이가 호기심에 이끌려 무언가에 빠져들듯 지치지 않고 오랫동안 생각을 끌고 나가는 힘을 갖는다는 거지요.

결정적 경험, 몰입

이런 집착이나 열정이 목표를 이루겠다는 강한 의지와 유사하다고 생각한다면 본질을 잘못 이해한 거예요. 우리가 이별의 순간 느끼는 감정이 사랑을 되찾겠다는 목표 때문에 생기는 게 아니듯, 집착은 그저 '사로잡히는' 경험에 가깝습니다. 1983년 옥수수 연구로 노벨생리의학상을 받은 생물학자 바버라 매클린톡Barbara McClintock은 당시 자신의 경험을 이렇게 이야기해요.

"옥수수 염색체를 연구하는 동안 저는 옥수수와 별개의 존재가 아니라 옥수수와 한몸이라는 느낌을 받았습니다. 그럴 때는 종종 저 자신의 존재를 잊기까지 했지요. 옥수수의 일부가 되자 놀랍게도 염색체 내부까지 볼 수 있었어요."

심리학자 하워드 가드너Howard Gardner는 창의적 활동에 완전히 매혹된 극적인 순간을 '**결정적 경험**crystallizing experience'이라고 표현하는데요. 이는 마치 사랑에 빠지는 것과 비슷한 경험이라고 합니다. 가드너의 설명에 따르면 결정적 경험은 한 사람의 세계관을 변화시키고 창의적인 꿈을 실현하게 하는 데 이바지하고, 그 과정에서 자신과 대상이 구분하기 어려운 일체가 됩니다.

심리학자 미하이 칙센트미하이Mihaly Csikszentmihalyi는 무언가를 탄생시키는 생산적인 상태의 인간 정신을 '**몰입**flow'이라고 표현했는데요. 앞서 소개한 과학 저술가 존슨은 칙센트미하이가 말한 몰입을 이렇게 풀어서 설명하지요.

"몰입은 우리가 흔히 말하듯 레이저 광선처럼 한 곳에 강하게
초점을 맞추는 것이 아닙니다. '흐르는 물을 따라 떠내려가는'
기분에 가깝지요."

그것이 집착이든, 열정이든, 몰입이든 간에 중요한 것은 여
러분이 무언가에 사로잡혀 있는 상태에서 창의성은 깨어날
준비를 한다는 점입니다. 어떤 문제나 대상에 빠진 우리의 뇌
가 그 문제나 대상과 관련된 카테고리를 흔들기 때문이에요.
그러면 우리의 뇌는 깊은 곳에 잠들어 있던 수많은 경험과 기
억들을 깨워 연결할 준비를 합니다. 이런 집착은 어느 날 한
순간, 물에 젖은 나뭇가지에서 갑자기 불꽃이 튀듯 예상치 못
한 순간에 우리 머릿속 깊은 곳의 잠재적이고 흐릿한 영역으
로 우리를 데려갈 겁니다.

패턴 3: 낯설지만 분명한, 새로운 연결

다양한 경험이나 의외의 집착은 모두 **새로운 연결**을 위한
준비운동과 같습니다. 경험이나 집착 없이는 새로운 연결을

만들어내기 어렵고, 연결해내지 못한다면 경험이나 집착은 꽃피우지 못한 씨앗에 불과하다고 할 수 있기 때문입니다. 그런 의미에서 새로운 연결은 창의성의 핵심입니다.

그렇다면 새로운 연결은 어떻게 이뤄질까요? 어떻게 하면 우리의 뇌는 새로운 문제 앞에서 낯설지만 분명한, 과거의 기억을 끌어낼 수 있을까요? 이런 연결을 평면적인 차원에서 이해하다 보면, 새로운 사물이나 현상을 의도적으로 흐릿하고 불분명한 과거의 어떤 경험에 이어붙이기만 하면 창의적인 결과가 탄생할 거라고 오해하기 쉽습니다. 그러나 창의적인 사람들에게서 나타나는 패턴이 그리 단순하지는 않아요.

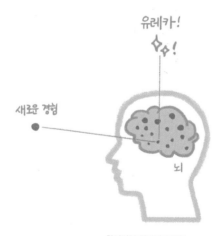

창의적인 연결의 모습?

새로운 연결의 순간

혹시 수학자 스리니바사 라마누잔Srinivāsa Aiyangar Rāmānujan을 알고 있나요? 인도 최남단 타밀나두 지방 출신인 그는 수학 교육이라고는 고등학교에 다니며 배운 게 전부라고 알려져 있습니다. 영화 〈굿 윌 헌팅Good Will Hunting〉을 본 사람이라면 알 겁니다. 이 영화의 주인공이자 비범한 수학적 재능을 지닌 윌을요.

윌은 불우한 가정환경 탓에 정규 교육조차 제대로 받지 못하고 어느 대학에서 일용직 청소부로 일하면서 의미 없는 하루하루를 살아가지요. 이 대학 수학과에는 왕년의 수학 천재 램보 교수가 있었어요. 그는 우연히 자신이 낸 수학 문제를 풀고 있는 윌의 모습을 보고 이렇게 외칩니다. "제2의 라마누잔이 나타났다!" 맞습니다. 바로 그 라마누잔이에요.

더글러스 호프스태터는 『괴델, 에셔, 바흐Godel, Escher, Bach』라는 책에서 라마누잔의 일화를 자세히 소개합니다. 제대로 된 교육을 받지 못한 라마누잔은 어느 날 지인으로부터 '시대에 뒤떨어진' 낡은 수학 교과서 한 권을 선물받는데, 이 책이 라마누잔의 인생을 송두리째 바꿔놓습니다. 라마누잔은 이 책을 선생님 삼아 수학의 세계에 뛰어들어요. 그는 스물세 살이 되던 해에 훗날 라마누잔의 스승이 되는 케임브리지대학 교수 고드프리 하디Godfrey Hardy에게 자신이 발견한 내용을 편지에 적어 보냅니다.

히디는 라마누잔의 편지를 본 순간의 감정을 이렇게 이야기합니다.

"그의 어떤 공식들은 나를 완전히 좌절하게 했습니다. 나는 당시에 그것과 조금이라도 비슷한 것조차 본 적이 없었거든요. 한눈에 보기에도 그 공식들은 최고 수준의 수학자만이 만들 수 있었습니다."

라마누잔에겐 다른 수학자들과는 확연히 구별되는 특징이 하나 있었는데, 그것은 바로 엄밀성이 부족하다는 점이었습니다. 라마누잔은 자주 어떤 정리의 결과만을 툭 내뱉곤 했는데, 실제로 이를 증명하지는 못하는 경우가 많았다고 해요. 라마누잔은 그 결과에 대해 "여신 나마기리가 꿈에서 영감을 주었다"라고 말하곤 했답니다. 좀 더 구체적으로는 "의식적 영역이 아닌 직관적 원천으로부터 곧바로 내게 왔다"라고 주장하기도 했대요. 확실한 것은 아르키메데스의 유레카 순간이 그렇듯, 라마누잔의 아이디어도 어느 날 느닷없이 그의 머릿속에서 떠올랐다는 점이에요.

창의성 이야기가 나오면 빠질 수 없는 천재 수학자가 있는데 바로 앙리 푸앵카레 Jules-Henri Poincare 입니다. 그와 관련한 많은 이야기가 있는데요. 예를 들면 아인슈타인보다 먼저 상대성이론의 원리를 이해하고 주요 개념을 창안했다거나, 오늘날 복잡성 과학의 기초가 된 카오스이론을 처음 제시했다거나, 피카소의 4차원 개념에 지대한 영향을 끼쳤다는 것 등이에요. 그칠 줄 모르는 지적 호기심과 창의적 사고로 수학과 과학의 세계를 종횡무진 누볐던 그는 평소 "수학이나 과학 문제를 해결할 때는 논리 이상의 다른 무언가가 필요하다"라고 말했다고 해요.

푸앵카레는 『과학의 기초 The Foundations of Science』라는 책에서, 그의 뛰어난 업적 중 하나이자 그에게 많은 영감을 준 수학자 라자루스 푸크스 Lazarus Fuchs의 이름을 딴 '푸크스 함수 Fuchsian functions'를 발견한 상황을 이렇게 묘사합니다.

"어느 저녁 저는 일과를 마치고 블랙커피를 한 잔 마셨어요. 그때 아이디어가 떼를 지어 떠올랐습니다. 아이디어가 서로 부딪히다가 짝을 지어 맞물리는 것을 느꼈어요. 다음 날 아침, 저는 푸크스 함수의 존재를 증명할 수 있었습니다."

아이디어가 서로 부딪히다가 새로운 방식으로 연결되는 순간이 바로 유레카 순간이었겠지요. 푸앵카레가 푸크스 함수와 비유클리드 기하학 사이의 연관성을 찾아낸 상황을 설명하는 내용도 이와 비슷합니다.

"문제를 풀지 못하고 맥이 빠진 저는 해변으로 가서 며칠을 지내며 다른 생각을 하려 했습니다. 그러던 어느 날 아침, 절벽 위를 걷던 중에 무한 삼진 이차형식의 수학적 변형은 비유클리드 기하학의 수학적 변형과 같다는 생각이 간결하고, 갑작스럽게, 대단히 확실하게 떠올랐어요!"

푸앵카레에 대해 수학자 장 디유돈네Jean Dieudonne는 이렇게 평했습니다. "푸앵카레의 논문에는 엄밀한 증명이 등장하지 않으며, 정확한 정의도 찾아볼 수 없어요. 그러나 거의 모든 절에 독창적인 아이디어가 담겨 있습니다."

어디서 많이 듣던 이야기가 아닌가요? 라마누잔과 푸앵카레는 그렇게 닮아 있어요. 여기서 더 나아가 무려 350년간 풀리지 않았던 '페르마의 마지막 정리Fermat's last theorem'를 증명한 수학자 앤드루 와일즈Andrew Wiles의 이야기도 잠시 들어볼까요? 페르마의 마지막 정리를 증명한 순간의 감격을 그는 이렇게 표현했습니다.

"갑자기 그리고 전혀 예기치 않은 상태에서 놀랄 만한 계시를 받았습니다. 저는 도저히 믿기지 않아서 20분간 멍하게 제가 증명한 것을 바라보고만 있었어요."

직관의 힘

그런가 하면 스티브 잡스는 이런 말을 남겼습니다.

"창의성은 그저 여러 가지 요소를 하나로 연결하는 겁니다. 창의적인 사람에게 어떻게 그렇게 할 수 있느냐고 물으면 대부분 대답하지 못할 거예요. 왜냐하면 그들은 실제로 무엇을 한 것이 아니라 단지 무언가를 본 것이기 때문이에요."

이쯤 되면 어떤 패턴이 보이지 않나요? 그들에게 유레카의 순간은 갑자기, 그러나 확실하게 다가왔습니다. 생각하고 판단한 게 아니라 단지 느끼거나 보았고 서로 연결했을 뿐이에요. 이때 그들에게 내려온 계시는 도대체 무엇이었을까요?

바로 '직관'입니다. 앞서 구글의 다비도위츠가 말했던 직관보다는 훨씬 엄격한 의미에요. 우리에게 친근한 천재 과학자 아인슈타인은 "자연의 법칙에 이르게 하는 논리적인 길은 없고, 다만 직관에 의해서만 그곳에 다다를 수 있다"라고 말했습니다. 옥수수 박사 매클린톡은 이렇게 말하기도 했어요.

"문제를 풀다가 답이라고 할 수 있는 어떤 것이 갑자기 떠올랐다면, 그것은 무의식 속에서 직관적으로 답을 찾은 경우예요. 저는 그게 답이라는 것을 알았습니다. 정답이라고 확신했지만,

말로 설명할 수는 없었지요."

교육심리학자 페렌스 마르톤Ference Marton은 1970년부터 16년간 물리학, 화학, 의학 부문 노벨상 수상자들과 인터뷰한 결과를 발표한 적이 있는데, 성공 비결을 묻는 말에 수상자의 86.7퍼센트가 같은 대답을 했습니다. 바로 직관입니다.

그렇다면 직관에 의한 연결은 어떤 모습일까요? 누군가 창의적인 연결의 순간을 그려보라고 한다면, 저는 지금까지 관찰한 패턴을 바탕으로 이렇게 그리겠습니다. 실제 뇌의 모양

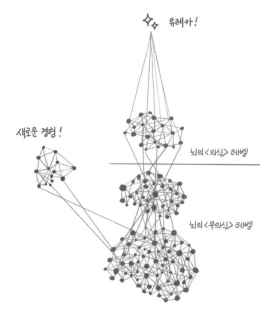

내가 생각하는 창의적인 연결의 모습

이 이렇게 생겼다는 의미는 전혀 아니지만 말이에요. "직관은 우리 뇌의 무의식 레벨의 수많은 단계를 동시에 관통하면서 의식 레벨로 순식간에 튀어 오릅니다!"

표현력이 모자라 안타까울 따름입니다. 그림으로 표현하지 못한 부분을 말로 이어보자면, 뇌의 무의식 레벨은 점점 더 낮은 레벨로 내려가는 것이 아니라 차원이 다른 레벨로 계속해서 무한히 연결되어 있습니다. 이런 무한 연결은 뫼비우스의 띠라든가, 마우리츠 코르넬리스 에스허르Maurits Cornelis Escher의 〈올라가기와 내려가기Ascending and Descending〉라는 작품을 통

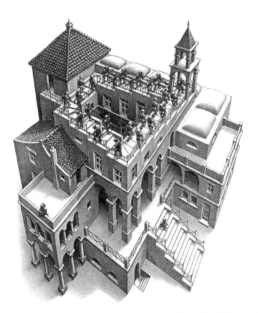

계단을 내려가다 보면 어느새 다시 계단의 맨 위에 도착해 있다
출처: 위키피디아

해서도 상상해볼 수 있는데요. 네덜란드에서 태어난 에스허르는 그의 생애를 통해 2차원의 평면에서 무한을 표현해내기 위해 열정을 쏟아부은 화가이기도 하지요.

이처럼 무한히 연결된 뇌의 무의식 영역에서는 우리가 해석하기 어려운 복잡한 상호작용이 일어나고 있습니다. 오직 직관만이 여러 층의 무의식 레벨에 흩어져서 존재하는 경험과 기억들을 연결해서 거의 동시에 의식 레벨로 튀어 오르게 할 수 있지요. 그 순간이 바로 유레카 순간입니다.

그렇다면 어떻게 해야 직관이 숨 쉴 수 있는 환경을 만들 수 있을까요? 무엇보다 잠시 생각을 멈추고 심리적으로 안정을 취하는 시간과 공간이 필요해요. 아르키메데스가 '유레카'를 외친 것이 욕조 안이었고, 피카소도 주로 샤워를 하면서 새로운 아이디어를 떠올렸다고 해요. 아인슈타인은 면도하거나 바이올린을 연주하면서 영감을 얻었고, 철학자 헤겔, 칸트, 비트겐슈타인, 니체, 루소는 생각을 정리하기 위해 산책을 즐겼습니다.

훗날 애플 컴퓨터의 원형이 된 최초의 개인용 컴퓨터를 만든 앨런 케이Alan Kay는 사무실 한쪽에 1만 4000달러, 우리 돈으로 1500만 원이 넘는 샤워기를 설치해달라고 회사에 요구했다는 일화도 전해집니다. 자기는 아이디어 대부분을 샤워하는 도중에 얻기 때문이라고 하면서요. (물론 회사는 그의 제안을 거절했습니다!)

뇌과학자이자 예일대학 신경과학과 교수인 에이미 안스텐 Amy Arnsten은 뇌과학도 이 주장을 뒷받침한다고 말해요. 그의 이야기에 따르면, 창의성 계발을 위한 최적의 뇌 상태를 유지하기 위해서는 감정 관리가 핵심인데, 감정적으로 강한 자극이 있는 상태는 그것이 좋은 것이든 나쁜 것이든 간에 창의성과 관련된 뇌 부위인 전두엽의 기능을 낮추기 때문이라고 합니다.

패턴 흉내 내기

지금까지 살펴본 창의성의 패턴은 인류 역사에 큰 획을 그은 진정 놀랍고 독창적인 발견을 했던 사람들로부터 얻은 겁니다. 그런데 우리가 모두 매 순간 상대성이론을 발견할 수는 없겠지요. 만일 우리가 원하는 것이 '역대급' 창의성이 아니라면, 어떻게 소중한 아이디어가 자라나게 할 수 있을까요? 제가 추천하는 방법은 창의성이 탄생하는 패턴을 세심하게 흉내 내보는 겁니다.

먼저 '다양한 경험'입니다. 효율적인 습관을 지닌 사람이라면 아무런 목표도 없이 무작정 무언가를 시도해본다는 것이 쉽지 않을 텐데요. 이런 사람들은 일단 범위를 조금 좁혀서 그동안 한 번도 해본 적 없는 경험부터 시작해보면 어떨까요? 낯선 도시로의 여행, 나와는 전혀 다른 분야에서 일하는 사람들과의 만남, 평소라면 절대로 시도하지 않았을 낯선 음식 먹어보기… 어떤 것도 좋아요. 우리가 원하는 것은 결국 다양한 경험을 통해 가능한 한 많은 연결점을 만들어두는 것이니까요. 이왕이면 지금까지 없었던 새로운 연결점이 만들어질 수 있도록 일상을 낯선 경험으로 채워보세요.

다음으로 '빠져들기'에요. 좋아하는 무언가가 있다면 거기서부터 출발해보세요. 마땅히 떠오르지 않는다면 일단 지금 여러분 앞에 놓여 있는 상황이나 문제에 빠져드는 겁니다. 먼저 관심을 두고, 그다음에는 천천히 그 문제를 관찰하고 고민하고 관련된 데이터도 찾아봅시다. 문제만 보면 어떻게 풀어야 할지부터 고민하던 과거의 모범생 같은 태도는 잠시 내려놓아도 좋습니다. 그저 문제가 놓인 상황을, 맥락을, 무엇보다 문제 자체를 아주 천천히 바라보는 연습이 필요합니다.

만일 여러분이 자전거를 골랐다면 자전거의 크기, 길이, 무게, 모양, 종류와 같은 외형적인 부분도 좋지만 자전거에 얽힌 재미있는 이야기라든가, 요즘 새로 나온 자전거라든가, 자전거를 다룬 영화나 소설, 만화도 좋습니다. 딱딱한 문제도 거부감이 없는 사람은 자전거 관련 규제라든가, 사람들의 선호도도 좋아요. 얼핏 쓸모없어 보이는 모든 것에도 관심을 기울여

보세요. 사람들이 잘못 알고 있거나 오해하고 있는 부분, 가려진 부분도 찾아보세요. 그렇게 자전거를 뒤집어도 보고, 거꾸로도 보고, 어느 순간은 스스로 자전거가 되어도 봅시다.

이제 가장 중요한 '연결'의 시간입니다. 우리가 의식적으로 뇌의 무의식 단계에 접근하기란 쉽지 않죠. 그래서 일단은 우리 뇌의 의식 단계에서 가능한 한 많은 연결점, 즉 노드를 만들어두는 것이 중요해요. 그래야 서로 연결할 수 있는 점들이 늘어날 테니까요. 사실 이번 단계는 앞의 두 단계에 관한 결과에 불과할지도 모릅니다.

만일 같은 연결점을 가지고도 제대로 연결하지 못해 고민이라면 머릿속에서 그려지는 노드들을 실제로 종이나 태블릿 등에 그려보는 것도 좋습니다. 그렇게 그려진 연결점들을 의도적으로 분리해서 이전과는 다른 방식으로 연결해보세요. 예를 들어 공유 자전거 서비스를 떠올렸다면 이 시스템 속에서 자전거를 떼어내고 그 자리에 전동 킥보드를 연결할 수 있겠지요. 그것이 바로 공유 스쿠터 서비스입니다. 이번에는 킥보드 자리에 강아지와 산책을 연결해보면 어떨까요? 자, 공유 강아지 산책 서비스가 탄생합니다.

농담이 아니라 실제로 미국에서는 이 서비스도 꽤 인기가 있어요. 혼자서는 온종일 강아지를 돌볼 시간이 없는 사람들이 서로 여가를 공유해서 강아지들을 함께 산책시켜주는 방식이에요.

공유 자전거 서비스 시스템의 수요와 공급 체계를 바꿔보는 시도도 해볼 수 있어요. 현재 운영되고 있는 공유 자전거 서비스는 자전거를 공급하는 중앙의 회사가 존재합니다. 남는 자원을 공유한다는 진정한 의미의 공유경제 서비스와는 조금 다른 구조인 셈이에요. 만일 이렇게 하나의 회사가 자전거를 공급하는 게 아니라 이용자들이 직접 자기 집에서 사용하던 자전거를 거리에 내놓도록 유도한다면 어떤 일이 벌어질까요? 이 플랫폼은 지속 가능할까요?

이처럼 가능한 한 많은 새로운 연결점들을 떠올리고, 연결하고, 변형해보세요. 연결 구조는 계속해서 변형되고, 수정되고, 추가되고, 뒤틀리고, 통합되는 과정을 반복할 수 있답니다. 호기심과 관심과 집착이 사라지는 순간까지 조금 더 고민하고 조금 더 연결해보세요. 힘들 때는 산책이나 샤워를 해보는 것도 좋습니다. 이 과정에서 창의력보다 먼저(또는 함께) 통찰력이 탄생할 거예요.

네트워크 활용하기

노벨상을 받을 만한 수준의 아이디어라면 더 없이 환상적이고 아름답겠지만, 대신에 함께 공유할 수 있는 사람은 적을 겁니다. 반면에 우리가 원하는 수준의 반짝이는 아이디어는 그만큼 빛나지는 않더라도 많은 사람과 함께 나눌 수 있을 거예요. 이때 아이디어를 나누는 사람이 반드시 오프라인상의 '절친'일 필요는 없습니다. 『아웃라이어Outliers』의 저자 맬컴 글래드웰은 친구가 아닌 지인들이야말로 새로운 아이디어와 정보를 얻을 수 있는 가장 훌륭한 원천이라고 말합니다.

구글이나 트위터 같은 글로벌 IT 기업들은 '**오픈 API** Open Application Program Interface'라고 불리는 인터페이스를 이용하는데요. 이것은 누구나 사용할 수 있도록 공개된 API, 즉 자기가 가진 기능을 누구나 이용할 수 있도록 공개해서 다양한 서비스나 앱이 개발될 수 있도록 하는 프로그램이나 인터페이스를 말합니다. 혁신을 만드는 시스템은 누구라도 받아들일 수 있는 '개방성'과 '확장 가능성'이 있어야 함을 그들은 이미 알고 있는 거죠.

최근 MIT 미디어랩은 새로운 형태의 민주주의를 연구하기 위해 만든 연구 그룹에 '**확장 가능한 협력**Scalable Cooperation'이라는 이름을 붙였어요. 나와 다른 생각을 하는 사람들, 나와 다른 물리적 공간에 있는 사람들도 누구든지 수용하고 연결해서 함께 협력하겠다는 이상을 담고 있는 거죠. 어쩌면 새로운 시대의 창의성은 혼자만의 고민 끝에 하늘의 계시처럼 갑자기 뚝 떨어진다기보다는, 서서히 밀려들어 조금씩 밀물을 만드는 파도처럼 여러 사람의 아이디어를 연결하는 과정에서 서서히 우리 곁으로 다가와 조금씩 깊어지는 것은 아닐까 생각해봅니다.

이쯤에서 창의성에 관한 조금 길었던 이야기를 마무리하려 해요. 여러분이 만들어갈 창의적인 이야기는 이제부터 시작이겠죠. 여러분에겐 이미 두 가지 힌트가 있습니다. 미래의 선물 같은 우연한 연결을 기대하며 다양한 경험을 쌓을 것. 무언가에 완전히 사로잡혀 빠져들 것. 준비됐다면 이제 두근거리는 마음으로 함께 기다려봅시다. 어느 날 어느 순간 섬광처럼 혹은 밀물처럼 우리 곁에 다가올 유레카 순간을 말이에요.

#창의성의 패턴 #경험 #세렌디피티 #놀이 #트라우마 #외상 후 성장 #집착 #유레카 순간 #결정적 경험 #열정 #몰입 #스리니바사 라마누잔 #푸앵카레 #직관 #산책 #샤워 #새로운 연결 #낯선 경험 ##빠져들기 #연결점 #통찰력 #오픈 API #확장 가능한 협력

영국에선 양이 사람을 잡아먹는다고요?
_ **스스로 학습 × 입체적 구조화**

무언가를 한 가지 방식으로만 이해했다면
전혀 이해하지 못한 것과 마찬가지다. 무언가를 안다는 것은
이미 알고 있는 다른 모든 사실과 그 사실을 연결하는 것이다.
_ 마빈 민스키

🎵 Sweet Rumors – 레메디오스

스스로 학습

복잡한 세상에서는 **스스로 학습하는 능력**만큼 중요한 것도 없습니다. 예측 불가능한 상황에서 원리를 모른 채 암기한 지식은 그중 무엇 하나만 달라져도 쓸모없는 단편적인 지식이 되기 쉬워요. 하지만 스스로 고민하며 터득한 살아있는 지식은 낯선 곳에서 마주치는 정체불명의 위기 상황에서도 유연하게 대처할 수 있는 강력한 힘이 됩니다.

그렇다면 가장 좋은 스스로 학습법은 무엇일까요? 안타깝

게도 세상 모두에게 똑같이 적용되는 방법은 없습니다. 다만 각자에게 잘 맞는 방법이 있을 뿐이에요. 그 방법을 찾는 시행착오의 과정 자체가 가장 중요한 학습이기도 하고요. 언젠가 기회가 된다면 스스로 학습하는 방법론에 관한 이야기도 해보고 싶어요. 다만 이 책에서는 그 방법론을 이야기하는 대신에 제가 스스로 학습한 4차 산업혁명에 관한 이야기를 해보려 합니다. 행간에 담긴 저의 스스로 학습법이 여러분에게 새로운 영감을 주길 바라면서요.

일단 저는 관심 있는 분야가 생기면 질문을 하나 정합니다. 그 후엔 책을 보거나, 강의를 듣거나, 사람들을 만나 대화를 나누는 매 순간에 그 질문에 대해 여러 관점에서 아주 천천히 생각해봅니다. 그러고는 여유가 생길 때마다 틈틈이 이미 알고 있던 지식과 연결해 큰 그림을 만들어가는데요. 매우 구체적인 그림이 그려질 때까지 조금씩 생각을 덧붙여나갑니다.

이렇듯 여기저기 흩어져 있던 조각난 지식을 서로 연결해 겹겹이 층을 쌓는 것, 즉 '레이어드layered'가 중요해요. 옷 잘 입는 친구가 여러 개의 옷을 감각 있게 겹쳐 입듯 생각의 밀도를 높여가는 거죠. 어느 날 하루 동안 한꺼번에 많은 생각을 하는 것도 좋지만, 그보다는 매일 조금씩 꾸준히 깊이를 더해 계속 연결해보는 걸 추천해요.

제가 이 책을 쓰기 시작할 때 가장 먼저 떠올렸던 질문은

"4차 산업혁명은 진짜 4차 산업혁명일까?"였습니다. 여러분도 함께 공부해볼래요?

인류 사회발전지수

이언 모리스Ian Morris라는 고고학자가 있습니다. 스탠퍼드대학 역사학과 교수이기도 한 모리스에겐 큰 꿈이 있었어요. 기원전 8000년부터 시작해 오늘날까지 인류 사회의 발전 정도를 시간대별로 모두 수치화해서 하나의 그래프로 표현하겠다는 것이었죠.

그는 인류 발전사를 볼 때 네 가지 능력이 인간에게 가장 중요하다고 생각했습니다. ①자연으로부터 에너지를 얻는 능력 ②사회를 조직하는 능력 ③전쟁을 수행하는 능력 ④정보를 공유하는 능력이 그것입니다. 모리스는 이 세상에 있는 기록과 문헌을 모두 뒤져서 네 가지 요소를 찾아 전부 숫자로 환산하는 어마어마한 작업을 시작합니다.

인고의 세월 끝에 마침내 그는 인류 사회의 발전 정도를 단 하나의 그래프로 그려낸 후 놀라운 사실을 확인하게 되죠. 그것은 바로 인류 역사의 궤도는 점진적으로 성장한 것이 아니라, 겨우 200년 전에 있었던 '어떤 갑작스러운 엄청난

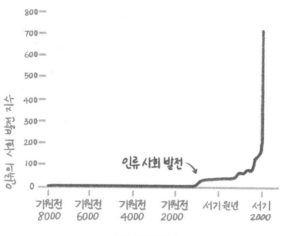

인류의 사회발전지수
출처: 이언 모리스, 『왜 서양이 지배하는가』, 글항아리, 2013년

일'에 의해 거의 수직적으로 뒤바뀌었다는 사실입니다.

위의 그래프에서 갑작스러운 변화가 나타난 시기에 과연 어떤 일이 일어났을까요? 맞습니다. 산업혁명이 있었어요. 앞서 제가 했던 질문, 즉 4차 산업혁명이 진짜 4차 산업혁명인지 알고 싶다면 우선 그전에 일어난 세 차례의 산업혁명에 대해 알아야겠지요.

1차 산업혁명

가장 먼저 1차 산업혁명이 일어난 18세기 말의 영국으로 가보겠습니다. 1차 산업혁명이 일어난 시기는 18세기 말에서 19세기 중반(1760년-1840년)으로 거슬러 올라갑니다. 그 무렵 영국에서는 양털로 만든 모직물이 인기였어요. 그러다 보니 농사보다 양을 풀어 키우는 목축업이 더 큰 이윤을 남기게 됐지요. 사람들은 더 많은 양을 키우기 위해 풀이 자랄 수 있는 땅이라면 어디든지 울타리를 쳐서 목장을 만들었습니다. 이를 '인클로저Enclosure 운동'이라고 하지요.

농사짓던 땅도 예외는 아니었어요. 지주들은 자신의 땅에서 농사를 지으며 살아가던 수많은 사람을 이제부터는 자유롭게 살라며 삶의 터전에서 내쫓았습니다. 하루아침에 '자유'를 얻은 가난한 농부들은 고향을 등지고 도시의 빈민 수용소로 대거 이동하게 됐어요. 그곳에서 그들을 기다리는 것은 하루 18시간의 고된 노동이었습니다. 우리에게 『유토피아Utopia』라는 책으로 알려진 토머스 모어Thomas More는 "양은 온순한 동물이지만 영국에서는 사람을 잡아먹는다"라며 당시 상황을 개탄하기도 했어요.

그러나 양털의 인기도 영원할 수는 없었어요. 동인도회사가 인도에서 수입해온 무명과 옥양목이라는 새로운 옷감이 등장하자, 이번엔 영국 전역에 면직물 열풍이 불기 시작합니다. 피부에 닿는 보드라운 감촉, 지금껏 본 적 없는 새로운 색상, 빨아도 빨아도 색이 변하지 않는 내구성까지, 이 기적 같은 옷감은 영국인들의 마음을 사로잡게 됩니다. 때마침 등장한 런던의 백화점에는 진열장마다 각양각색의 옥양목이 전시되기 시작했어요. 인도로부터 면직물을 수입해온 동인도회사는 상상도 못 할 만큼 큰 이윤을 남기게 됩니다. 반대로 모직물 제조업자들은 무명과 옥양목의 유행으로 엄청난 타격을 입게 되죠.

스티븐 존슨의 『원더랜드Wonderland』를 보면 그때 영국의 상황을 짐작할 수 있어요. 당시 면직물 열풍이 얼마나 거셌는지 "문양 있는 옥양목과 리넨을 걸치면 나라가 망한다"라거나 "무역에서 비롯된 전염병은 초기에 싹을 제거하지 않으면 수도에 퍼진 흑사병처럼 나라 전체에 퍼진다"라는 내용이 담긴 비판적인 책자가 수천 부가 넘게 발간됐다고 합니다. 급기야 영국 의회는 이런 국민의 크나큰 분노를 달래기 위해 보호무역주의 법안을 통과시키기에 이릅니다.

그러나 세간의 우려와는 달리 면직물 무역은 엄청난 부가가치를 창출합니다. 이에 힘입어 영국의 발명가들은 면직물을 대량생산할 수 있는 기계를 발명하는 데 몰두하기 시작하고요. 성능이 개선된 증기기관이 등장하자 사람들은 이를 가장 먼저 면직물 공장에 도입합니다. 그런데 초기에 나온 증기기관은 상당히 비효율적이었다고 하죠. 석탄을 땔 때 나오는 전체 에너지양의 단 1퍼센트만 사용하는 수준이었으니까요. 하지만 제임스 와트James Watt가 기존 증기기관을 개량하는 데 성공하면서, 새로운 증기기관은 기존 증기기관보다 세 배 이상 높은 효율로 생산 비용을 급격하게 떨어뜨리게 됩니다.

이후 증기기관은 직물의 생산을 넘어 다양한 공업 용품 생산과 운송업에 두루 쓰이게 되고 그 결과 인간의 삶을 완전히 뒤바꿔놓습니다. 1787년에서 1840년 사이에 영국의 면직물 생산량은 200만 파운드에서 3억 6600만 파운드로 가파르게 증가했지만 생산 비용은 크게 떨어집니다.

새로운 생산력은 새로운 부로 이어지고, 새로운 부는 가파른 출산율 증가를 가져왔으며, 영국 인구는 19세기의 첫 반세기 만에 두 배가 됐어요. 19세기 중반에 접어들자 영국은 도시 인구가 전체 시골 인구를 능가하는 첫 번째 나라가 됐습니다. 제러미 리프킨Jeremy Rifkin이 쓴 『3차 산업혁명The Third Industrial Revolution』이라는 책에 나오는 이야기에요.

이렇게 증기기관이 가져온 생산성의 향상은 사회 전반에 혁명적인 변화를 일으키게 됩니다. MIT 경영대학원 교수인 에릭 브리뇰프슨Erik Brynjolfsson과 앤드루 맥아피Andrew McAfee는 "산업혁명이 증기력만의 이야기는 아니지만, 그 모든 것의 출발점은 증기기관이었다"라고 말했어요. 증기기관은 공장, 대량생산, 철도, 대중교통을 탄생시켰고, 그 결과 현대생활이 시작될 수 있었다는 이야기입니다. 이런 이유로 1차 산업혁명의 엔진은 **증기기관**이라 할 수 있어요.

이와 같은 격변의 시기가 지나면서 이 시기에 대한 평가도 이뤄지기 시작합니다. 철학자 프리드리히 엥겔스Friedrich Engels는 『영국 노동자 계급의 상태The Condition of the Working Class in England』라는 책에서 이런 영국의 상황을 포착해냈고요. 역사가 아널드 토인비Arnold Toynbee는 『18세기 영국 산업혁명 강의Lectures on the Industrial Revolution of the Eighteenth Century in England』라는 책에서 이런 현상을 **'산업혁명'**이라고 이름 붙였습니다. 모두 1884년의 일입니다.

2차 산업혁명

영국 이야기는 이쯤 마무리하고 이제 미국으로 가볼까요? 미국에서는 남북전쟁이 끝나고 사회가 어느 정도 안정되기 시작하면서, 1870년 무렵부터 그야말로 **'발명의 홍수'**가 일어나기 시작합니다. 노스웨스턴대학 석좌교수인 로버트 고든Robert Gordon은 『미국의 성장은 끝났는가The rise and fall of American Growth』라는 책에서 이렇게 말해요. "미국에서 남북전쟁 이후 발발한 발명의 홍수는 이후 미국인의 삶을 완전히 바꿔놓았고, 이런 발명은 결코 되풀이될 수 없을 것"이라고요. 그의 이야기를 좀 더 들어볼까요?

"이 시기에 우리는 성냥을 켜는 대신에 스위치 하나를 딸깍 올려서 불을 밝힐 수 있게 됐습니다. 작은 전기 기구들이 거대하고 무거운 증기 보일러를 퇴출했을 때, 인간의 노동을 기계로 대신할 수 있는 범위는 전례 없이 확대됐지요. 도시 내 운송의 일차적 수단이 말에서 자동차로 바뀌면서, 사회는 더 이상 말을 먹일 사료를 마련하기 위해 농지의 4분의 1을 따로 떼어놓을 필요가 없게 됐습니다. 말똥을 치우기 위한 노동 인구를 유지할 필요도 없게 됐지요. (…) 이런 되돌릴 수 없는 모든 변화 덕분에, 남북전쟁 이후 반세기 동안 조그만 마을들로 느슨하게 연결된 농경사회는 차츰 더욱 확실한 사적·공적 기관을 가진 도시 사회와 산업 사회로 탈바꿈할 수 있었습니다."

발명의 홍수 시절을 설명하면서 빼놓을 수 없는 사람이 포드자동차를 세운 헨리 포드Henry Ford입니다. 그는 공장에 **컨베이어벨트 시스템**을 도입한 것으로 유명한데요. 컨베이어벨트 시스템은 전례 없는 급격한 생산성 향상을 가져왔고, 그 덕분에 보급형 자동차 '모델 T'가 생산될 수 있었습니다. 자동차 산업에도 대량생산 체제가 도입된 거죠. 그 결과 소수 부유층만이 누리던 자동차의 혜택을 일반 대중도 누릴 수 있게 됩니다. 1920년 즈음에는 자동차가 하루에 7000대나 생산되는 상황에 이릅니다.

하지만 당시 공장에서 일하던 노동자들에겐 이런 생산성 향상이 형벌에 가까운 것이었어요. 이동 없는 단순 반복 노동은 노동자의 건강에도 나쁜 영향을 미쳤습니다. 급기야 '공장에서 일하면 정신착란에 걸린다'라는 소문까지 돌면서 자동차 공장 노동자들의 이직률은 감당하기 어려운 수준이 됐다고 해요. 연간 필요한 인원의 다섯 배 이상을 뽑아도 모자랐을 정도였답니다.

그러자 헨리 포드는 또 한 번 획기적인 아이디어를 내놓는데, 당시 하루 12시간 일하고 2달러가 조금 넘는 급료를 받던 노동자들에게 8시간 노동에 5달러를 지급한 겁니다. 포드자동차의 이직률이 뚝 떨어진 것은 불 보듯 뻔했지요. 수입이 늘고 여가 시간이 생긴 노동자들이 돈을 모으고, 자동차를 사고, 교외로 나가게 되면서 미국 전역에 자본주의가 뿌리내리게 되지요. 이런 이유로 2차 산업혁명의 엔진은 **전기**와 **내연기관**입니다.

비슷한 시기에 독일에서도 급속한 산업화가 진행됩니다. 당시 독일은 영국이나 프랑스보다 산업화가 늦었는데요. 그만큼 오랜 기간 농경사회에 머물러 있었다는 뜻이에요. 그러나 독일 정부는 당시 프랑스와의 전쟁을 통해 막대한 배상금을 받게 되고, 이 돈을 대대적으로 중화학공업, 섬유공업, 기계공업 등에 투자해 공업 육성 정책을 폅니다. 계획적으로 철도, 도로, 항만, 운하 등을 건설하여 국가 주도의 빠른 산업화를 이룩합니다.

이처럼 영국 이외의 국가, 특히 미국과 독일을 중심으로 19세기 후반부터 20세기 초(1870년-1930년)까지 급진적인 산업화가 이뤄지는데요. 역사가들은 이 시기를 일컬어 영국의 산업혁명과 구분해 '2차 산업혁명'이라고 부릅니다.

3차 산업혁명

1, 2차 산업혁명의 그림이 어느 정도 그려졌다면 이제 '3차 산업혁명'을 살펴볼까요? 3차 산업혁명이라고 하면 많은 사람이 제러미 리프킨을 떠올리지요. 리프킨은 『소유의 종말*The Age of Access*』이라는 책으로 우리에게 잘 알려져 있는데요. 그가 전작들의 성공을 발판으로 2011년에 세상에 내놓은 책이 바로 『3차 산업혁명』입니다. 이로써 3차 산업혁명은 성과가 평가되기도 전에 먼저 혁명을 선언한 최초의 사례가 됩니다.

왜 리프킨은 아직 오지도 않은 시대를 3차 산업혁명이라고 선언했을까요? 그 이유를 이해하려면 먼저 리프킨이 그렸던 3차 산업혁명의 모습을 살펴볼 필요가 있습니다. 결론부터 말하면 그가 말한 3차 산업혁명의 미래는 지금 우리가 이해하고 있는 '컴퓨터와 인터넷 기반의 정보화 혁명'과는 아주 달랐습니다.

리프킨이 고민한 문제는 머지않아 2차 산업혁명의 원료인 석유가 고갈될 것이라는 점이었어요. 그는 석유가 고갈된 이후를 대비해야 한다고 주장했는데요. 이를 위해 그가 생각해 낸 아이디어는 사회의 모든 인프라를 **재생 가능한 에너지를 스스로 생산할 수 있는** 발전소의 형태로 완전히 바꾸는 것이었습니다. 예를 들어 도시의 모든 건물 옥상에는 태양열 에너지를 모을 수 있는 시설을 설치하고, 건물 내에는 이렇게 모은 에너지 저장 시설을 만드는 식으로요. 지형에 따라 바람이 많이 부는 곳에서는 풍력 에너지를, 조수 간만의 차가 큰 곳에서는 조력 에너지를 활용할 수도 있겠지요.

그는 이런 대대적인 **트랜스포메이션**transformation 과정에서 수많은 일자리가 생겨날 것으로 생각했습니다. 그리고 이렇게 고갈되지 않는 에너지 공급원을 확보할 수 있다면, 인간은 인류의 마지막 산업혁명인 3차 산업혁명을 이룩하게 될 거라 주장했죠.

그러나 많은 사람에게 리프킨의 이야기는 공상과학처럼 느껴졌던 것 같아요. 사람들은 '3차 산업혁명'이라는 용어는 사용하면서도 그 안에 다른 그림을 집어넣기 시작했습니다. 일례로 영국의 경제지 《이코노미스트》는 2012년 4월 12일 자에 다음과 같은 기사를 게재했어요.

3차 산업혁명
출처: 《이코노미스트》

"3차 산업혁명이 진행되고 있다. 제조업이 디지털화하고 있다. 지능적인 소프트웨어, 로봇, 3D프린팅 기술은 이제 제품을 컴퓨터에서 디자인하고 3D프린터로 인쇄할 수 있게 한다. 이 프린터로 우리는 연속적인 재료 층을 통해 단단한 물체를 생산할 수 있다. 디지털 디자인을 몇 번의 마우스 클릭만으로 수정할 수 있다. 앞으로는 이 놀라운 장비를 통해 각 가정의 차고에서부터 아프리카 오지 마을에 이르기까지 누구나 필요로 하는 모든 것을 만들 수 있을 것이다. 3D프린팅은 이미 군용 제트기, 보청기, 하이테크 부품을 만드는 데 활용되고 있으며, 사막 한가운데서 일하는 엔지니어도 언제든 필요한 도구를 구할 수 있는 세상을 향해 나아가고 있다."

어디서 많이 들어본 이야기인가요? 맞습니다. 우리가 요즘 자주 듣는, 이른바 4차 산업혁명으로 다가올 **제조업의 미래** 모습이에요.《이코노미스트》에서 말하는 3차 산업혁명은 지금 우리가 알고 있는 4차 산업혁명과 같은 이야기에요.

어째서 이런 일이 생겼을까요? 우리가 이해하고 있는 '컴퓨터와 인터넷 기반의 3차 산업혁명'의 정의는 아직 확립된 것이 아니기 때문입니다. 솔직히 우리도 한 번쯤은 '3차 산업혁명이 있었다는데, 무슨 혁명이 일어났는지도 모르게 지나가 버렸네'라고 생각한 적이 있잖아요? 우리의 감이 나름대로 틀리지 않았던 거죠.

1987년 노벨경제학상을 받은 경제학자 로버트 솔로^{Robert} ^{Solow}는 "어디를 봐도 컴퓨터 시대를 실감할 수 있지만, 생산성 통계에서는 그 같은 사실을 실감할 수 없다"라며 이런 상황을 꼬집었습니다. 그런가 하면 로버트 고든은 "2차 산업혁명과 달리 디지털 혁명은 생산성 향상에서는 그리 큰 위력을 발휘하지 못했다"라고 말하기도 했어요. 같은 맥락에서 조지메이슨대학 교수이자 경제학자인 타일러 코웬^{Tyler Cowen}은 이렇게 말했습니다.

"우리는 인터넷에 힘입어 더 많은 것을 누리고 있습니다. 게다가 더 저렴하게 누리고 있지요. 그러나 개인이든 기업이든 정부든 간에 소득 측면을 보면 오히려 줄어들고 있어요."

이쯤에서 이런 의문을 품는 사람도 있을 거예요. '3차 산업 혁명은 미래학자 앨빈 토플러가 말한 것이 아닌가요?'라고요. 많은 사람이 오해하고 있는 '**제3의 물결**'은 산업혁명의 진화에 관한 이야기가 아니라는 데 주의할 필요가 있습니다. 토플러는 인류 문명의 발전 단계를 세 가지로 나누었는데, 제1의 물결인 '농업혁명', 제2의 물결인 '산업혁명' 그리고 제3의 물결인 '정보혁명'이 그것이죠. 그의 관점에서 정보혁명은 산업혁명에 속한 하나의 단계가 전혀 아닙니다.

그렇다면 우리가 이해하고 있는 3차 산업혁명을 그 모습 그대로 가장 분명하게 말하는 사람은 누굴까요? 맞습니다. 다보스포럼으로 우리에게 4차 산업혁명을 알린 클라우스 슈밥이에요. 그는 이렇게 말합니다.

"1960년대에 시작된 3차 산업혁명은 반도체와 메인 프레임 컴퓨팅(1960년대), PC(1970-1980년대), 인터넷(1990년대)이 발달을 주도했습니다. 그래서 우리는 이를 '컴퓨터 혁명' 또는 '디지털 혁명'이라고 말하는 거죠."

조금 길어졌지만, 3차 산업혁명에 관한 논의를 정리하면 이렇습니다. 정보통신 기술에 기반을 둔 이른바 디지털 혁명이 우리 생활에 커다란 변화를 가져왔다는 데는 이견이 없어요. 그러나 이런 혁신이 실제로 우리에게 경제적 풍요를 가져다 주었는지, 이를 통해 대대적인 사회 시스템의 변화가 일어났는지, 즉 이 모든 변화가 3차 산업혁명이라고 할 만한 것이었는지에 관해서는 논란이 있습니다. 그래서 많은 사람은 이 시기를 3차 산업혁명이라는 말 대신에 **디지털 혁명** 또는 **컴퓨터 혁명**이라고 불러왔던 거지요.

자, 여기까지 왔다면 우리는 4차 산업혁명을 향해 출발할 준비가 됐습니다.

4차 산업혁명!

4차 산업혁명은 2016년 '다보스포럼'이라고도 불리는 세계경제포럼World Economy Forum에서 회장인 클라우스 슈밥이 우리에게 소개한 개념입니다. 그는 4차 산업혁명은 우리를 둘러싼 시스템이 현재 겪고 있는 변화와 앞으로 겪게 될 변화를 모두 포괄한다면서, 인공지능과 로봇공학, 3D프린팅, 신경기술, 생명공학, 가상현실과 증강현실, 신소재, 에너지 기술이 모두 포함되는 개념이라고 말했습니다.

사실 4차 산업혁명은 이제 막 시작되는 단계이거나, 아직 시작되지 않은 이야기입니다. 당연히 4차 산업혁명이 어떤 모습으로 펼쳐질지 정확히 아는 사람은 아무도 없어요. 저도 이 책의 다른 모든 장에서 4차 산업혁명에 관해 이야기하고 있으니 여기서 더 자세히 설명하지는 않으려 해요. 다만 우리 가 4차 산업혁명의 의미를 제대로 이해하려면 두 가지 이슈 에 관한 생각을 정리할 필요가 있어요.

하나는 슈밥이 우리에게 4차 산업혁명을 선언한 것은 꽤 느닷없는 일이었다는 점이에요. 왜일까요? 앞서 살펴본 것처 럼 우리는 아직 3차 산업혁명이 진짜 3차 산업혁명이었는지 에 관한 논의도 제대로 끝내지 못했기 때문입니다. 사실 그 논의는 제대로 시작도 되지 않았어요. 하지만 슈밥은 4차 산 업혁명의 거대함을 먼저 이야기함으로써, 3차 산업혁명을 당 연히 존재했던 과거의 사실로 기정사실로 했죠. 그의 이야기 를 들어볼까요?

"일부 학자들은 지금의 상황을 3차 산업혁명의 연장선으로 이 해하고 있습니다. 그러나 현재 진행 중인 과학기술의 발전 정도 를 보면 기하급수적인 속도, 전례 없는 범위와 깊이, 전체 시스 템에 미치는 충격의 측면에서 우리는 이 변화를 4차 산업혁명 으로 볼 수밖에 없어요."

슈밥은 3차 산업혁명이 얼마나 큰 변화를 가져왔는지, 그래서 3차 산업혁명이라고 부를 만한 것인지에 관해서는 길게 언급하지 않아요. 대신에 4차 산업혁명이 얼마나 대단한 것인지를 집중적으로 이야기합니다. 그러나 3차 산업혁명이 없었다면 4차 산업혁명은 애초에 태어날 수도 없는 것이에요. 그런 의미에서 '4차 산업혁명은 진짜 4차 산업혁명일까?'라는 질문이 가능하게 하려면 먼저 3차 산업혁명에 대한 평가가 제대로 이뤄져야 합니다.

또 다른 이슈로 독일의 '**인더스트리** 4.0 Industry 4.0'이 있어요. 4차 산업혁명을 공부하다 보면, 많은 책에서 4차 산업혁명은 독일의 인더스트리 4.0과 사실상 동의어라고 이야기하는 걸 볼 수 있을 텐데요. 이에 대해 여러분이 제대로 판단할 수 있으려면 일단 독일의 인더스트리 4.0에 대해 알아야 할 거예요.

인더스트리 4.0은 우선 그 기원이 독일에 있다는 점에서 변화를 부르는 다른 이름과는 차이가 있어요. 예를 들어 4차 산업혁명, 제2의 기계 시대*, 라이프 3.0** 등의 용어는 모두 미국을 중심으로 탄생한 말이거든요. 왜 이것이 큰 차이일까요? 독일은 영국이나 미국과는 달리 국가가 계획적인 공업 육

---

* 앞서 소개한 브리뇰프슨과 맥아피가 『제2의 기계 시대The Second Machine Age』라는 책에서 처음 사용한 용어예요. 우리가 육체적 한계를 뛰어넘기 위해 증기기관과 그 후속 기술로부터 도움을 얻었던 시대를 '제1의 기계 시대'로, 지적 한계를 극복하기 위해 디지털 기술과 그 후속 기술로부터 도움을 얻게 될 앞으로의 시대를 '제2의 기계 시대'로 보자고 했지요.

성 정책을 실시해 산업화에 성공한 나라이기 때문입니다. 인더스트리 4.0도 독일이 국가 차원의 과학기술 육성 정책인 '하이테크 전략 2020'의 실행 계획으로 만든 것이죠.

인더스트리 4.0을 한마디로 설명하기는 어렵지만 그 중심에 '**스마트 팩토리**smart factory'가 있음은 분명해요. 스마트 팩토리는 다양한 개인의 요구가 반영되는 맞춤형 제품을, 고객이 수용할 만한 가격에 제공하는 비전을 가진 공장이라고 볼 수 있는데요. 잠시 그 모습을 상상해볼까요?

고객의 세세한 요구 사항을 반영하는 맞춤형 생산이 가능하게 하려면 각 공장은 어떤 형태를 갖추어야 할까요? 우선 수없이 다양한 주문 데이터를 실시간으로 수집해서 맞춤형 제품이 설계되도록 요청하는 지능적인 주문 접수 시스템이 필요합니다. 이후에는 설계된 제품을 정확하고 유연하게 제조할 수 있는 지능적인 생산 시스템이 필요하겠지요.

이런 과정에서 만들어진 데이터는 실시간으로 수집되고 분석되어 스스로 각 단계를 조율하거나, 전체 시스템을 업그레이드하고, 고객의 요구를 더 세밀하게 반영하고 예측하는 데

** 역시 MIT 물리학자인 맥스 테그마크Max Tegmark가 『라이프 3.0Life 3.0』라는 책에서 사용한 용어예요. 하드웨어(육체)와 소프트웨어(정신) 모두 진화의 방식으로 업그레이드할 수 있는 생명 형태를 '라이프 1.0'으로, 적어도 소프트웨어는 세대 내에서 스스로 학습을 통해 설계할 수 있는 생명 형태를 '라이프 2.0'으로, 하드웨어와 소프트웨어 모두 스스로 업그레이드할 수 있는 생명 형태를 '라이프 3.0'으로 구분해요.

활용될 수 있겠지요. 결국 이렇게 서로 복잡하게 얽혀 있는 주문과 생산 공정을 모두 소화해내려면 기존의 효율적인 중앙집중식 생산 체계로는 불가능하다는 사실을 알 수 있습니다.

그렇다면 스마트 팩토리에는 어떤 기술이 필요할까요? 가상물리시스템Cyber Physical System을 기반으로 한 사물인터넷 기술은 말할 것도 없고, 주문부터 제조까지 각 단계에서 발생하는 수많은 데이터를 연결하고 분석하기 위한 빅데이터와 인공지능 기술도 필수적이에요. 여기에 데이터 저장과 처리를 위한 클라우드 프로세싱과 스토리지 기술도 연결되어야 하고, 더 나아가 로봇이나 드론 기술을 연결할 수도 있을 겁니다.

이런 과정을 통해 전체 생산 프로세스는 디지털과 아날로그의 경계를 허물고 서로 연결되어 실시간 모니터링과 피드백을 할 수 있는 지능적인 시스템으로 거듭나게 되는데요. 이 시스템을 구현하겠다는 게 바로 스마트 팩토리의 이상입니다.

독일에서도 아직 이 시스템이 실현된 것은 아니에요. 다만 중국 등 인건비가 저렴한 지역으로 떠났던 공장이 스마트 팩토리를 꿈꾸며 독일로 돌아오는 사례가 생겨나고 있다고 합니다. 아디다스가 23년 만에 독일로 돌아와 자국에서 제품 생산을 시작했다는 보도가 대표적인 사례죠.

현재 아디다스가 서비스하고 있는 맞춤형 제품은 '마이 아디다스' 서비스를 들 수 있어요. 고객이 여러 가지 옵션 가운데 몇 가지를 조합해서 직접 운동화를 디자인한 후 제작을 요청하면, 대략 5-6주 후에 맞춤 생산된 운동화를 보내주는 시스템이에요. 하지만 이 정도로는 진정한 의미의 혁명적 변화라 할 수 없겠지요.

아디다스는 스마트 팩토리의 이상이 담긴 '스피드 팩토리 speed factory' 플랜을 발표했는데 그 내용은 이렇습니다.

제가 운동화를 사려는 사람이라고 가정해요. 저는 스피드 팩토리 웹사이트 등을 통해서 원하는 운동화를 직접 디자인하고 그 자리에서 바로 주문합니다. 그러면 스피드 팩토리는 주문을 접수한 즉시 해당 제품이 제작 가능한 단계로 넘어갈 수 있도록 제 요구 사항을 분석해 제품을 설계합니다. 이렇게 제품 설계 단계가 마무리되면, 제가 지정한 아디다스 오프라인 상점에서는 설계된 운동화를 3D프린팅 기술로 그 자리에서 바로 찍어내기 시작해요. 이 과정을 통해 저는 주문 후 짧게는 2시간 만에, 길어도 5시간 안에 제가 주문한 세상에 단하나뿐인 운동화를 픽업해 신을 수 있게 되는 거죠. 여기서 더 나아가 3D프린팅 기술이 일반 가정으로까지 보편화된다면 저는 조만간 오프라인 숍에 나갈 필요도 없이 직접 집에서 운동화를 찍어낼 수도 있겠지요.

다시 본론으로 돌아와, 왜 사람들은 4차 산업혁명을 인더스트리 4.0과 같은 의미로 보는 걸까요? 여러 가지 이유가 있을

테지만 그중 눈에 띄는 몇 가지를 꼽자면 이렇습니다.

우선 우리의 사고 체계와 사회 시스템은 인더스트리 4.0과 같은 국가 주도형 개발 방식에 맞춰져 있을 가능성이 큽니다. 한국은 국가 주도의 대기업 육성 정책을 통해 산업화를 이룬 대표적인 국가지요.

그 과정에서 우리의 사고 체계는 국가가 앞장서서 정책을 세우고 그에 맞춰 대기업이 중심이 되어 생산성을 높여나가면 그 기업에 고용된 개인도 함께 경제적 풍요를 누리는 시스템에 익숙해졌습니다. 우리는 시장의 크기를 키우면 모두가 작은 파이 조각을 먹을 수 있다고, 그러니 일단 파이를 키워야 한다고 배웠어요. 독일식의 국가 주도형 미래 전략이 우리에게 익숙하게 느껴지는 것은 자연스러운 일이겠지요.

우리는 분명한 목표를 세운 뒤 이를 향해 맹렬히 돌진하는 방식에 최적화되어 있기도 합니다. 그것이 우리가 산업화를 이루고, 아시아의 네 마리 용이 되고, 반도체 신화를 이뤄낸 방식이었지요. 목표는 애초에 개인이 세우는 것이 아니었습니다. 국가, 부모, 학교, 회사가 세우면 우리는 가장 효율적인 방법을 찾아 빠르게 달렸고, 그 결과 가장 먼저 목표점에 도달한 사람이 부와 영광을 누렸지요. 제2의 기계 시대니, 라이프 3.0이니 하는 막연하고 전방위적인 청사진보다는, 스마트 팩토리를 세워 생산 시스템을 개혁하라는 명쾌한 요청이 편안하게 느껴지는 것은 어쩌면 당연한 이야기일지도 모릅니다.

더 나아가 인더스트리 4.0과 같은 제조업 중심의 발전 모델이 갖는 긍정적 효과도 무시할 수 없겠지요. 이는 무엇보다 제조업이 서비스업 등에 비해 다른 산업에 미치는 생산 유발 효과가 크기 때문입니다. 그래서 제조업이 발전해야 다른 산업도 함께 발전한다는 이야기도 나오는 거죠. 꽤 설득력이 있는 말입니다.

5차 산업혁명?

최근에는 4차 산업혁명을 넘어 5차 산업혁명, 심지어 6차 산업혁명이란 말도 나오고 있어요. 이 이야기들은 다 무엇일까요? 앞서 '제3의 물결'은 우리가 말하고 있는 1차부터 4차까지 이어지는 산업혁명의 진화와는 전혀 다른 맥락에서 나온 이야기라고 했었는데요. 실은 5차 산업혁명도 마찬가지에요.

최근 5차 산업혁명이 논의되는 것은 오늘날의 산업이 점차 고도화됨에 따라 기존 산업 부문에 대한 분류 체계도 달라져야 한다는 맥락에서 비롯됐어요. 다시 말해서 지금까지 1, 2, 3차 산업으로 분류해왔던 산업 부문을 4, 5차 산업으로까지 세분화해서 4, 5차 산업 부문을 중점적으로 발전시켜야 한다는 이야기에요.

　그렇다면 '산업 부문'이라는 것은 무엇일까요? 우리에게 친숙한 1, 2, 3차 산업은 1940년대에 경제학자 콜린 클라크Colin Clark가 『경제 진보의 제조건The Conditions of Economic Progress』이라는 책에서 산업을 부문별로 나누었던 데서 유래했어요. 그는 자연으로부터 자원을 직접 채취하는 1차 산업(농업, 어업), 이렇게 얻은 천연자원을 가공해 재화나 에너지를 생산하는 2차 산업(광공업), 1, 2차 산업으로부터 생산한 재화를 이동시켜 소비하고 축적하는 3차 산업(상업, 교통, 서비스업)으로 산업 부문을 분류했었지요. 최근 나오고 있는 5차 산업에 관한 이야기는 특히 3차 산업 부문을 더 세분화하자는 주장인 셈입니다.

　4차 산업 또는 5차 산업 부문에 관한 논의는 아직 제대로 이뤄지지 않고 있어요. 다만 신조어를 만들기 좋아하는 일본에서는 의료, 바이오 산업을 5차 산업으로 분류하고 이런 5차 산업을 주축으로 5차 산업혁명을 이루자는 주장이 나왔어요. 한국에서도 이와 비슷하게 정보, 교육, 의료 산업을 4차 산업으로, 취미나 여가 생활과 관련한 산업을 5차 산업으로 분류해서 이들 각 분야의 혁명을 이루자는 주장이 조금씩 나오고 있죠.

　하지만 냉정히 말해서 5차 산업혁명은 다섯 번째 일어날 산업혁명이라는 의미가 전혀 아닙니다. 영국에서 시작돼 전 세계 사람들의 삶을 송두리째 바꾼 그 산업혁명과는 완전히 동떨어진 이야기지요. 다만 5차 산업이라는 말 뒤에 혁명이라는 단어를 붙이면, 마치 이제 물리기 시작한 4차 산업혁명의 뒤를 잇는 새로운 산업혁명이 나타날 것처럼 들리니 사람들의 혼동을 이용한 마케팅 포인트로 이용하기 좋은 것이 아닐까 싶습니다.

4차 산업혁명은 진짜 4차 산업혁명일까

지금까지 1차 산업혁명에서부터 4차 산업혁명이 시작되려는 오늘날까지의 흐름을 연결해봤어요. 여러분이 단편적으로 알고 있던 산업혁명에 관한 조각난 지식들이 서로 연결돼 입체적으로 구조화되는 기회가 됐기를 바랍니다. 이 책에서는 제가 생각하는 여러 연결점들을 중심으로 산업혁명을 살펴봤지만, 실제 산업혁명은 이보다 훨씬 더 심오하고 깊고 풍부한 이야기겠지요. 로체스터대학 경제학과 교수인 스티브 랜즈버그Steven Landsburg는 이렇게 말했을 정도니까요.

"현생 인류가 지상에 처음 출현한 것은 대략 10만 년 전의 일이었습니다. 이후 9만 9800년 동안 별다른 일이 없었어요. 그러다가 불과 200년 전부터 사람들은 부유해지기 시작했습니다."

이제부터는 여러분 스스로 각자가 좋아하는 학습법에 따라서 이야기를 조금 더 풍성하게 만드는 연결의 경험을 해보세요. '뭐야? 스스로 학습이라더니 별것 없네?'라고 느꼈다면 그 느낌이 바로 정답입니다. 스스로 학습이라고 해서 무언가 거창한 것이 결코 아니에요. 흩어진 지식의 조각들을 겹겹이 쌓아 서로 연결하는 과정일 뿐이에요.

'4차 산업혁명은 진짜 4차 산업혁명일까'라는 질문에 대한 답은 사실 이미 정해져 있습니다. 아직 모른다는 거죠. 그 평가는 혁명의 시대가 지난 뒤 훗날 내려지게 될 겁니다.

다만 누군가가 개인적인 견해를 묻는다면 저는 4차 산업혁명이라는 이름은 우리에게 다가올 새로운 세상을 담기에 적절한 그릇은 아니라고 답하겠습니다. 일단 우리는 3차 산업혁명의 성과도 제대로 확인하지 못했으니 네 번째 산업혁명을 논할 단계도 아니었고, 설령 3차 산업혁명을 인정하더라도 새로운 세상을 산업적인 측면에서만 바라보기엔 변화의 양상이 너무 크고 깊습니다. 4차 산업혁명이라는 이름으로는 새로운 세상의 본질을 놓칠 수 있다는 이야기에요.

더 나아가 저는 이 변화를 인더스트리 4.0과 동의어로 보자는 주장에도 반대합니다. 인더스트리 4.0이 슈밥의 4차 산업혁명 주장에 영감을 준 것은 사실로 보이고 국가 주도 또는 대기업 주도 미래 전략의 실용성과 효율성을 분명 인정하지만, 우리가 언제까지 우리의 미래를 국가나 대기업 주도로 결정해야 하는가에 대한 근본적인 회의가 있습니다.

그렇다고 지금부터 4차 산업혁명이라는 말을 다른 이름으로 바꾸자는 이야기를 하려는 것은 아니에요. 그 이름에 아쉬움이 남지만, 여러분의 호응이 뜨거웠다면 그런 반응에도 분명 의미가 있다고 생각하니까요. 게다가 이름이 적당하냐 아니냐가 중요한 문제도 아니에요.

제가 진짜 하고 싶은 이야기는 우리가 어떤 단어를 사용하든 간에 그 말에 담길 새로운 세상의 모습과 방향에 대한 비전은 생산성의 차원을 훌쩍 뛰어넘기를 바란다는 거예요. 우리 앞에 펼쳐질 미래는 단순히 산업적인 측면에서만 중요한 것이 아니라 우리의 삶 자체를 송두리째 바꿀 거란 점에서 큰 의미가 있으니까요.

『사피엔스Sapiens』와 『호모 데우스Homo Deus』를 쓴 유발 하라리Yuval Harari의 이야기로 이 장의 끝을 맺을까 합니다.

"국민은 생산이 아니라 행복을 바랍니다. 생산이 중요한 것은 그것이 행복의 물질적 바탕을 제공하기 때문이에요. 생산은 수단일 뿐 목적이 아닙니다."

#스스로 학습 #산업혁명 #인클로저 운동 #양이 사람을 잡아먹는다 #면직물 #도시화 #증기기관 #컨베이어벨트 #모델 T #전기 #자동차 #정보화 혁명 #트랜스포메이션 #생산성 #디지털 혁명 #4차 산업혁명 #클라우스 슈밥 #인더스트리 4.0 #스마트 팩토리 #가상물리시스템 #사물인터넷 #마이아디다스 #스피드 팩토리 #5차 산업혁명 #입체적 구조화 #생산은 수단일 뿐

음모론을 좋아하세요?
_ 네트워크 효과×플랫폼 비즈니스

"왜 사람들이 세상과 사진을 공유하고 싶어 할까?"라고 묻는다면
요점을 놓친 것이다.
이제 무엇이든지 연결되어 있을 때만 완전하거나 유용하다.
_ 조슈아 쿠퍼 라모

♪♫ Le Plus Beau Du Quartier – 카를라 브루니

큰 효과 뒤에는 강력한 힘이 있다?

혹시 '음모론'을 좋아하나요? 위키피디아에서 음모론을 찾아
보면 "사회에 큰 반향을 일으킨 사건의 원인을 명확하게 설명
하지 못할 때, 배후에 거대한 권력 조직이나 비밀스러운 단체
가 있다고 해석하는 것"이라고 나옵니다. 의외로 많은 사람이
이런 음모론을 좋아하지요.

　여기에는 여러 가지 이유가 있겠지만, 사람들은 대체로 커
다란 효과에는 그에 상응하는 강력한 힘이 따르기 마련이라

고 믿고 싶어 하는 것 같습니다. 우리는 그동안 우리의 사고를 지배했던 뉴턴 물리학의 체계 안에서 거대한 힘은 같은 크기와 강도를 가진 힘으로 상쇄될 수 있다고 믿어왔습니다. 큰 군대가 작은 군대를 무찌르고, 대형 마트가 작은 구멍가게를 무너뜨렸던 것처럼 말이에요.

MIT 미디어랩의 조이 이토와 제프 하우^{Jeff Howe}가 함께 쓴 『나인^{Whiplash}』이라는 책을 보면 이런 말이 나옵니다. "우리는 타고난 본성상 모든 오즈 뒤에는 마법사가 있을 거라고, 그 행동을 지시하는 단일의 존재가 있을 거라고 생각하게끔 만들어져 있다"고요. 그러나 세상이 빠르게 연결되어 알 수 없는 형태로 변화하고 있는 요즘에는 곳곳에서 수많은 다윗들이 골리앗을 무참히 쓰러뜨리고 있습니다.

잘 알려진 구약성경에 나오는 다윗은 이스라엘 시골 마을에 사는 작고 가냘픈 양치기 소년이었는데요. 어느 날 소년의 마을에는 골리앗이라는 거인을 앞세운 블레셋의 군대가 쳐들어옵니다. 이스라엘 군대는 청동 투구와 비늘 갑옷으로 무장한 골리앗을 도저히 당해내지 못하고 패전에 패전을 거듭하지만, 혜성같이 등장한 다윗이 차돌을 넣은 줄팔매를 던져서 골리앗의 이마에 일격을 가하고, 이 공격으로 골리앗은 힘없이 쓰러지고 말지요.

줄팔매라니 과장이 심하다고요? 돌을 넣은 가죽에 줄을 매달아 빙빙 돌린 후 그 원심력을 이용해 공격하는 이 단순한 무기가 실은 투탕카멘의 묘에서도 발굴됐을 만큼 역사가 오래됐답니다. 고대 그리스에서도 군대에 복무하는 줄팔매 용병이 따로 있었다고 하고요. 16세기 무렵 잉카인들은 에스파냐 군대가 잉카 제국을 공격했을 때, 불에 달군 뜨거운 돌을 던져 투구를 착용한 에스파냐 병사들의 턱뼈와 검을 부러뜨렸다고 해요. 줄팔매로 날아가는 돌의 속도는 무려 시속 100킬로미터가 넘는다고 합니다. 이쯤 되면 다윗의 줄팔매를 단순히 장난감 칼로 보기는 어려울 것 같아요.

네트워크 효과, 밴드웨건 효과, 스노브 효과

우리 시대의 다윗들은 어떨까요? 흔히 우버나 에어비앤비처럼 핵심 자원을 소유하지 않고 시장의 절대 강자를 무너뜨린 회사들을 사람들은 골리앗과 맞서 싸운 다윗에 비유하곤 하는데요. 이런 기업들엔 어떤 무기가 있었을까요?

우리 시대 다윗들의 무기로 가장 많이 언급되는 것은 '**네트워크 효과**'입니다. 네트워크 효과란 어떤 제품이나 서비스를 사용하는 사람들의 숫자가 많아질수록 덩달아 그 제품의 가치가 올라가는 현상을 말합니다. 사람들이 몰리면 몰릴수록 그들을 지렛대로 삼아 계속해서 사용자의 수가 늘어나므로, 제품이나 서비스의 품질보다는 얼마나 많은 사람이 이용하느냐가 사업의 성패를 좌우한다는 의미로 사용됩니다.

이 네트워크 효과는 경제학자 하비 라이벤스타인^{Harvey} ^{Leivenstein}이 처음 소개한 개념이에요. 그는 두 가지 네트워크 효과를 이야기하는데, 그중 하나가 '밴드웨건 효과^{Band Wagon} ^{Effect}'입니다. 밴드웨건 효과는 우리말로 '편승 효과'라고 하는데요. 19세기 중반 미국의 서부 개척 시대에 금을 캐는 사람을 모으기 위해 요란한 음악을 연주하며 호객을 하던 악대 마차에서 힌트를 얻었다고 합니다.

경제학에서는 어떤 제품에 대한 수요가 다른 사람들이 그 제품을 선택하는 데 큰 영향을 미치는 현상을 가리켜 밴드웨건 효과라고 말합니다. 쉽게 말해 '남들이 사니까 나도 사야지!'라고 생각하게 하는 심리라고 할 수 있어요. 요즘 온라인 호텔 예약 사이트에서 숙소를 검색하다 보면 '최근 3일 내 이 호텔을 예약한 사람 O명', '지금 O명이 동시에 이 호텔을 보고 있습니다'라는 식의 문구를 보게 되는데요. 이런 안내 문구가 밴드웨건 효과를 노린 광고 전략의 예죠.

라이벤스타인이 이야기한 또 다른 네트워크 효과는 '스노브 효과^{Snob Effect}'라는 이름을 갖고 있어요. 밴드웨건 효과와는 반대로 제품에 대한 다른 사람들의 수요가 오히려 제품의 가치

를 떨어뜨리는 현상을 말합니다. 즉 '남들이 사니까 나는 사지 말아야지!'라고 생각하게 하는 심리에요.

'스노브'는 영어로 속물이나 잘난 체하는 사람을 뜻하는데요. 다른 사람들은 감히 살 수 없는 물건을 나는 살 수 있다고 과시하고 싶은, 일종의 속물 심리가 바탕에 깔렸습니다. 특히 명품 시장에서 쉽게 볼 수 있는 고가의 한정판 제품 출시는 스노브 효과를 노린 대표적인 판매 전략이에요.

파이프라인 비즈니스 vs 플랫폼 비즈니스

네트워크 효과를 극명하게 보여주는 비즈니스 모델이 바로 '**플랫폼**platform'입니다. 앞서 말했던 우버나 에어비앤비를 포함해 아마존, 구글, 애플, 페이스북도 모두 형태는 조금씩 다르지만 크게 볼 때 플랫폼 기업이라고 할 수 있어요.

보스턴대학 교수인 마셜 밴 앨스타인Marshall Van Alstyne은 『플랫폼 레볼루션Platform Revolution』이라는 책에서 플랫폼 비즈니스를 "외부 생산자와 소비자가 상호작용하면서 가치를 창출할 수 있게 하는 데 기반을 둔 비즈니스"라고 간단히 설명하는데요. 이 말을 좀 더 구체적으로 살펴볼까요?

먼저 플랫폼 비즈니스가 등장하기 전에는 시장의 가치가

어떻게 만들어지고 흘러갔을지 상상해보기로 해요. 지금까지 기업들이 채택해온 전통적인 시스템을 우리는 '파이프라인 pipeline 비즈니스'라고 부르는데요. 파이프라인 비즈니스는 시장에서 가치가 생겨나고 움직이는 흐름이 선형적이고 단계적이라는 특징이 있어요.

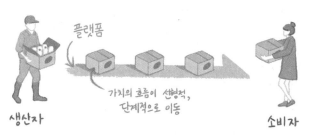

파이프라인 비즈니스의 구조 예

위 그림에서 보는 것처럼 파이프라인의 양끝에는 생산자와 소비자가 닿아 있는데, 이들은 시장에서 가치가 움직이는 흐름에 직접 참여하지는 않아요. 즉 생산자인 기업이 제품이나 서비스를 디자인하고 나면 차례로 이를 제조하거나 유통하고 판매하거나 서비스하는 시스템이 작동하기 시작하죠. 이 단계가 마무리될 즈음 소비자가 등장해서 제품이나 서비스를 구매하고 이용하는 구조라고 할 수 있습니다.

파이프라인 비즈니스를 '선형적 가치사슬'이라고 부르는 것도 이런 흐름 때문이에요. 하나의 선을 따라서 경제 활동이 일어난다는 의미입니다.

　반면에 플랫폼 비즈니스에서는 단순한 선형 구조가 변형되어 생산 단계의 경계를 허물면서 생산자와 소비자 그리고 플랫폼이 생각지도 못한 순간에 불쑥불쑥 연결된다는 점이 가장 큰 특징이에요. 플랫폼에서는 서로 다른 목적을 가진 이용자, 예를 들어 생산자와 소비자가 플랫폼을 통해 서로 연결되어 데이터와 피드백을 교환하는 상호작용을 일으키면서 가치를 만들어내는 구조를 취하고 있죠.

　어디서 많이 들어본 이야기라고요? 맞습니다. 결국 플랫폼은 서로 연결되어 상호작용하는 복잡한 시스템이라는 이야기입니다.

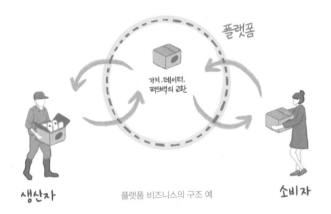

플랫폼 비즈니스의 구조 예

양면 시장과 양면 네트워크 효과

플랫폼 비즈니스의 대표 주자 중 하나인 에어비앤비에 관해 이야기해볼까요? 에어비앤비를 만든 브라이언 체스키[Brian Chesky]는 원래 미국의 로드아일랜드디자인스쿨에서 산업 디자인을 전공한 디자이너였어요. 체스키는 만족할 만한 직장을 구하지 못해 여러 도시를 떠돌던 중 대학 시절 친구인 조 게비아[Joseph Gebbia]와 함께 샌프란시스코에서 새 출발을 다짐합니다.

하지만 그의 구직의 꿈은 샌프란시스코에서도 쉽사리 이뤄지지 않았죠. 때마침 집주인 할머니가 그들이 살던 아파트의 월세를 올려달라고 합니다. 당장 월세를 낼 방법을 고민하던 중에 체스키와 게비아는 마침 샌프란시스코에서 국제산업디자인학회가 열리고 있는데 이 때문에 시내 호텔이 거의 만실이라는 사실을 알게 됩니다. 그들은 '그래! 이 사람들에게 우리 집을 빌려줘서 일단 이번 달 월세라도 벌어보자'라는 생각에 이르게 되어요.

사실 국제산업디자인학회가 아니라도 샌프란시스코는 일년 내내 숙박비가 비싸고 그나마도 마땅한 숙소를 구하기 힘든 곳으로 유명한 지역입니다. 그들은 벽장에 잠들어 있던 에어매트리스를 꺼내 '에어매트리스와 아침식사[Airbed & Breakfast]'를 제공하는 편안한 숙소를 기획하고, 학회에 참여할 디자이

너들에게 다음과 같은 내용의 이메일을 보냅니다.

"디자인 업계 동료의 집에 머물면서 낡은 에어매트리스에서 눈을 붙이고, 아침엔 개운한 기분으로 팝 타르트와 함께 오렌지 주스를 마시면서 행사에 관해 의견을 나누세요. 이번 학회에서는 파자마 차림으로 인맥을 쌓아보는 것은 어떨까요?"

체스키와 게비아의 집을 숙소로 이용한 학회 참가자들은 디자이너의 감각이 깃든 저렴하고도 편안한 숙소에 크게 만족했고요. 그 덕분에 그들은 짧은 기간에 월세를 마련하고 아예 본격적으로 숙소 대여 사업에 나서게 됩니다. 그들은 사람들에게 단순히 숙소를 제공하는 데서 그치지 않고 즐거운 추억을 만들어주는 것이 목표라고 말해요.

실제로 몇 년 전 한국에서 열린 이벤트 중에는 가수 빅뱅의 지드래곤이 연습생 시절을 보냈던 스튜디오를 객실로 제공해서 지드래곤의 추억을 공유하는 특별한 경험을 맛보게 하는 아이디어도 있었습니다.*

이제 에어비앤비는 전 세계 어디서나 독특하면서도 편안한

---

* www.youtube.com/watch?v=w6YZ92U_FhM에 들어가면 지드래곤이 에어비앤비 호스트가 되어 자신이 연습생 시절을 보낸 스튜디오에서의 하룻밤을 홍보하는 영상을 볼 수 있어요.

숙소를 제공하는 공유 숙박 서비스 분야 최대의 플랫폼으로 자리 잡았어요. 더 놀라운 것은 에어비앤비가 실제로 직접 소유한 객실은 단 하나도 없다는 점이에요. 이런 방식을 '**내 것이 아닌 재고**not-even-mine inventory' 시스템이라고 부릅니다.

에어비앤비는 다른 사람에게 자신의 공간을 내어주고 싶은 사람과 다른 사람의 공간을 숙소로 이용하고 싶은 사람이 서로 연결될 수 있는 환경을 만들고, 그 대가로 플랫폼을 통해 지불된 임대료의 9-15퍼센트를 수수료로 가져갈 뿐, 이 서비스와 관련한 시설물 중 무엇도 직접 소유하지 않아요.

덕분에 에어비앤비는 전통적인 호텔 회사들이 호텔을 관리하고 업그레이드하고 확장하는 데 들어가는 막대한 비용을 줄일 수 있었고요. 추가적인 자본의 투입 없이도 이용자가 늘어나면 이에 비례해서 기하급수적인 속도로 플랫폼이 성장하는 구조를 만들 수 있었습니다.

자신의 공간을 플랫폼에 내어놓는 사람이 많아지면 이를 이용하려는 여행객의 수요도 늘어나기 마련이죠. 마찬가지로 숙소를 이용하려는 사람이 많아지면 이들에게 공간을 제공하려는 공급자도 늘어나고요. 이렇게 서로 다른 목적의 이용자가 플랫폼을 통해 만나는 시장, 즉 '**양면 시장**two-sided Market'에서 수요와 공급이 서로 강력한 힘으로 부추기는 효과를 우리는 '**양면 네트워크 효과**two-sided network effect'라고 부릅니다. 이런 양면 네트워크 효과야말로 플랫폼 기업의 핵심 성장 엔진이라 할 수 있습니다.

에어비앤비뿐 아니라 우버나 리프트 같은 공유 자동차 플랫폼도 마찬가지에요. 우버의 성장 모델과 관련해서는 데이비드 삭스David Sacks의 냅킨 스케치가 유명한데요. 삭스는 맥킨지앤드컴퍼니의 컨설턴트에서 페이팔의 전략 담당 이사로, 기업용 소셜네트워크 야머Yammer의 창업자로, 페이스북과 우버 등에 투자한 전설적인 투자자로 종횡무진 활약하고 있는 실리콘밸리의 큰손입니다.

그는 우버의 서비스 구조에 관한 이야기를 듣고 그 자리에서 식탁에 놓인 냅킨에 이를 스케치했다고 해요. 운전자가 늘어나면 승객으로서는 픽업 시간이 빨라지고, 승객이 늘어나

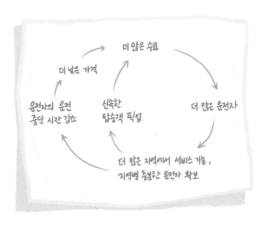

우버 서비스의 양면 네트워크 효과, 데이비드 삭스 냅킨 스케치

면 운전자로서는 빈 차로 돌아다니는 시간이 줄어들게 되니 선순환 효과를 일으킬 거란 이야기죠. 다시 말해 양면 네트워크 효과가 발생할 거라는 사실을 단박에 파악한 겁니다.

조금 어려운가요? 사실 플랫폼 비즈니스는 최근에야 연구가 시작된 분야예요. 플랫폼 사업자와 이들에 대한 규제 이론을 연구한 경제학자 장 티롤Jean Tirole은 2014년에 노벨경제학상을 받기도 했습니다. 플랫폼이나 플랫폼 비즈니스가 얼마나 새로운 분야인지 짐작이 되죠?

복잡한 세상의 플랫폼

재미있는 것은 여러분이 복잡한 세상과 노드와 링크로 이뤄진 네트워크를 기억한다면, 플랫폼 비즈니스의 기본 구조와 힘을 이해하는 데 도움이 된다는 사실이에요. 플랫폼은 결국 연결과 상호작용이 일어나는 복잡한 시스템이라고 했는데요. 복잡한 시스템이라면 그 안에는 분명 수많은 노드와 링크가 있을 거예요.

실제로 우버나 리프트 같은 공유 자동차 플랫폼을 떠올리면 자동차를 제공하려는 사람과 자동차를 이용하려는 사람이 서로 다른 클러스터에 속한 노드의 형태로 빼곡히 자리 잡고 있습니다. 이런 노드를 둘러싸고 수많은 링크가 복잡하게 얽혀 있지요. 다시 말해 우리는 플랫폼 비즈니스 구조에서 두 개 이상의 클러스터를 연결하고 있으면서 동시에 링크 수가 많은 '허브'의 형태를 찾아낼 수 있다는 이야기입니다.

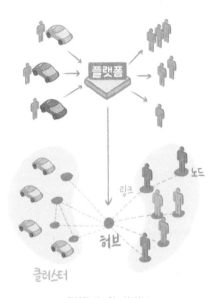

플랫폼 네트워크와 허브

하나만 더 짚어보고 넘어갈까요? 이 부분은 덧붙이는 이야기이니 이미 머리가 아프다면 넘어가도 좋아요. 도전할 분은 머릿속에 플랫폼 비즈니스라고 생각되는 예를 하나만 떠올려보세요. 어떤 것이든 좋습니다. 이제 그 플랫폼 비즈니스가 실제 이뤄지는 패턴을 한번 생각해보세요. 이용자들은 어떤 모양으로 서로 연결되어 있나요? 이미 눈치챈 사람도 있을 텐데요. 아마존, 우버 그리고 에어비앤비와 같은 서비스를 고른 사람과 페이스북, 카카오톡 같은 서비스를 고른 사람은 조금 다른 패턴을 보게 될 거예요.

가장 큰 차이는 서로 연결된 이용자의 성격이에요. 페이스북을 예로 들면, 이 플랫폼에 연결된 이용자들은 목적이 비슷한 사람들이에요. 친구를 만들고 싶다거나, 친구끼리 소식을 전하고 싶다거나 하는 식으로요. 이런 구조에서는 생산자나 소비자가 명확히 구분되지 않고 나는 어떤 소식의 '생산자'이면서 동시에 다른 사람들의 소식을 읽는 '소비자'의 역할을 하는 셈이에요.

반면에 아마존, 우버 그리고 에어비앤비 같은 서비스의 경우에는 뚜렷하게 다른 목적을 가진 이질적인 이용자들이 서로 연결되어 있다는 사실을 알 수 있어요. 간단히 말해 무언가를 생산하거나 공급하려는 사람 그리고 이를 소비하려는 사람이에요.

이 두 가지 패턴 중 플랫폼 비즈니스의 원형에 가까운 것은 에어비앤비, 우버 같은 서비스죠. 서로 다른 성격의 이용자들이 양면 네트워크 효과를 일으키고 있는 구조가 분명하게 보입니다. 하지만 모든 회사가 이런 원형적인 형태를 가지고 있는 것은 아니에요. 이를 변형하고 수정한 형태의 플랫폼도 얼마든지 가능합니다. 이 경계가 모호한 회사들도 많고요.

애플이 대표적인 예죠. 앱 시장에서의 애플을 생각해보면 그들은 분명 앱 서비스를 제공하려는 사람들과 이런 앱 서비스를 이용하려는 사람들을 연결해주는 본연의 플랫폼 사업자가 맞습니다. 그러나 애플의 아이폰 제조와 판매 비즈니스를 생각해보면 파이프라인 비즈니스의 성격도 띠고 있지요. 이런 이유로 플랫폼 사업자를 이야기할 때, 애플은 조금 뒷자리를 차지하는 경우가 많아요.

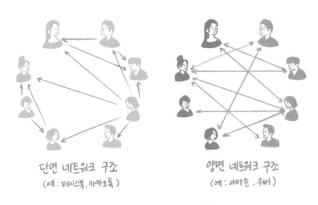

단면 네트워크 구조와 양면 네트워크 구조

피드백의 힘

네트워크 속에서 노드가 상호작용하는 대표적인 예가 바

로 피드백인데요. 그 힘이 얼마나 강력한지를 보여주는 실험이 있어요. 바로 2005년 노벨경제학상 수상자인 토머스 셸링Thomas Schelling의 '인종 분리' 실험입니다. 우리는 어떤 지역에서 흑인이 사는 지역과 백인이 사는 지역이 나뉜다든지, 부자가 사는 지역과 가난한 사람이 사는 지역이 나뉜다든지 하는 이야기를 들으면 이런 생각을 하지요. '거 참, 사람들이 너무하네!' 그런데 셸링의 실험은 반드시 그렇지 않다는 것을 알게 해줘요.

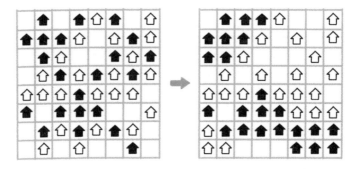

토머스 셸링의 인종 분리 실험

간단히 설명해볼게요. 셸링은 바둑판 모양으로 생긴 가상의 지역을 만들고, 각 칸에 임의로 까만 집, 하얀 집을 배정합니다. 가구마다 여덟 개의 이웃집이 생기겠지요? 그러고 나서 각 집에 지시를 내리는데요. '주위의 여덟 집 중 단 세 집이라도 같은 색이 있으면 머물러라. 만일 두 집만 빼고 나머지 여섯 집이 모두 다른 색이라면 그때는 무작위로 고른 다른 곳으로 움직여라'라는 내용이었습니다. 이 정도면 이웃집에 상당히 관대한 생각을 하는 평범한 사람들이라고 본 거죠. 그런 다음 시뮬레이션을 했더니 어떤 결과가 나타났을까요?

대단히 빠른 속도로 급격하게 까만 집 지역과 하얀 집 지역으로 바둑판이 나뉘더라는 겁니다. 인종 분리는 '커다란 편견'이 아니라 '아주 작은 거부감'으로도 얼마든지 생겨날 수 있다는 이야기지요(독일의 철학자 한나 아렌트Hannah Arendt가 말한 '악의 평범성banality of evil'이 떠오르는 대목입니다. 아렌트는 나치즘과 같은 역사 속 악행이 소수의 극악무도한 인격장애자들에 의해서 행해진 게 아니라, 국가 정책에 순응하며 자신들의 행동을 평범하다고 여기는 사람들에 의해 행해졌다는 사실을 발견하고 이런 말을 했었죠). 이 실험은 네트워크 안의 상호작용, 즉 피드백이 어떻게 시스템을 시작점과는 아주 거리가 먼 새로운 시스템으로 급격하게 이동시키는지 보여줍니다.

결국 새로운 세상은 네트워크 구조 속 수많은 연결고리가 강력한 피드백을 통해 성장하는 복잡한 이야기로 가득해요. 그 연결과 상호작용의 구조를 볼 수 있다면 미래는 여러분의 것이겠지요.

조금 여유가 생긴 어느 날, 여러분도 주변의 네트워크 구조를 찾아보기 바랍니다. 하나의 현상 안에 갇히지 말고 그 현상을 둘러쌓고 복잡하게 연결된 입체적인 구조를 아주 천천히 살펴보세요. 누가, 무엇이, 어떤 즐거운 연결을 기다리고 있는지 서서히 떠오르기 시작할 때까지 말이에요. 네트워크를 이해하고 활용하는 능력은 복잡한 세상을 살아가는 데 필요한 가장 강력하고 실용적인 무기가 될 것입니다. 여러분이 만들어갈 새로운 연결의 이야기는 이제부터 시작입니다.

#음모론 #다윗 #골리앗 #네트워크 효과 #밴드웨건 효과 #스노브 효과 #플랫폼 #파이프라인 #선형적 가치사슬 #에어비앤비 #우버 #내 것이 아닌 재고 # 양면시장 #양면 네트워크 효과 #단면 네트워크 구조 #양면 네트워크 구조 # 피드백의 힘 #인종 분리 실험 #내 주변의 네트워크

4부

예측 불가능한
세상에서 살아남기

정답이 하나라는 생각을 버리면
_ 파레토 법칙×롱테일 법칙

당신에게 동의하지 않는다.
하지만 당신이 그렇게 주장할 권리를 위해
죽음을 각오하고 싸우겠다.
_ 볼테르

♪♫ Hush−Rodem CEPA

파레토 법칙과 무어의 법칙

빌프레도 파레토 ^{Vilfredo Pareto}는 이탈리아의 경제학자입니다. 그는 대학에서 수학과 물리학, 공학을 공부했고 졸업 후에는 철도청과 철도회사의 엔지니어로 일했어요. 마흔이 넘어서 비로소 본격적으로 경제학 분야를 파고들기 시작했지요. 파레토에겐 꿈이 있었는데, 바로 경제학을 만유인력의 법칙과 같은 보편타당한 법칙을 통해 설명하는 것이었다고 해요.

파레토는 연구하는 시간 외에는 대부분의 시간을 밭에서

농작물을 재배하면서 보냈습니다. 그는 밭에서 자라는 완두콩을 관찰하다가 재미있는 패턴을 발견했어요. 바로 '80퍼센트에 이르는 완두콩 대부분이 단 20퍼센트의 콩깍지에서만 나온다'라는 사실이에요. 그는 이 같은 현상이 비단 완두콩 농사에서만 일어나는 게 아니라 세상 곳곳에서 나타나고 있을지도 모른다는 생각에 이르고 주변에 이런 패턴이 있는지를 찾아다니기 시작해요. 그리하여 결국 이탈리아 땅의 80퍼센트는 전체 인구의 단 20퍼센트가 소유하고 있다는 사실을 발견합니다.

훗날 그의 논문을 연구한 경영 컨설턴트 조지프 주란Joseph Juran은 이렇게 의미 있는 성과 대부분이 소수의 원인 제공자에게서 나오는 현상을 그의 이름을 따서 '**파레토 법칙** Pareto principle'이라고 이름 붙였지요.

아이러니한 것은 파레토를 유명하게 만든 이 법칙이 정작 그가 생전에 찾아 헤맸던 '어떤 현상을 지배하는 보편타당한 법칙'과는 거리가 멀다는 사실입니다. 우리는 아직도 왜 20퍼센트의 고객이 전체 매출의 80퍼센트를 차지하는지, 왜 20퍼센트의 우수한 사원이 회사 매출의 80퍼센트를 올리는지, 왜 20퍼센트의 범죄자가 전체 범죄의 80퍼센트를 저지르는지 그 이유를 모릅니다.

다만 우리는 경험적으로 이 세상 곳곳에서 80/20의 패턴이 나타난다는 사실을 막연하게 알고 있을 뿐이에요. 그런데도 이 법칙은 이상하리만치 잘 통해왔어요. 마치 반도체 시장에서 나타나는 '무어의 법칙'과 비슷합니다.

'무어의 법칙 Moore's law'은 반도체 회사 인텔의 공동 창업자 고든 무어Gordon Moore가 고안했어요. 무어는 1달러로 살 수 있는 반도체 집적회로의 연산량을 자세히 관찰한 결과, 그 양이 해마다 두 배로 늘어나는 패턴을 보인다는 사실을 발견합니다. 그는 1965년 발표한 논문에서 이런 경향이 향후 10년 이상 유지될 거라고 예상해요. 이후 '해마다' 늘어날 거라는 예상이 지나치다 싶었는지 그 기간을 '2년마다' 늘어날 거라고 수정해요. 결과는 어땠을까요? 오히려 그 기간은 '18개월마다'로 단축됐죠.

이런 무어의 법칙은 그가 예상한 10년보다 훨씬 오랫동안 반도체 집적회로뿐 아니라 다른 디지털 분야 전반에 폭넓게 적용되는 혁신적인 개념으로 자리매김해왔습니다. 그러나 파레토 법칙과 마찬가지로 우리는 왜 무어의 법칙이 나타나는지 그 이유를 알지 못해요. 최근에는 '무어의 법칙이 깨졌다!' 라는 뉴스도 자주 들리는데요. 엄밀히 말해서 파레토 법칙이나 무어의 법칙은 불변의 법칙이라고 부를 수 있는 성질의 것이 아니라고 할 수 있습니다. 오히려 파레토의 패턴, 무어의 패턴에 가깝죠.

파레토 법칙이나 무어의 법칙처럼 패턴을 통해 세상을 설명하는 방식은 그동안 과학자들 사이에서 크게 주목받지 못했어요. 이 광활한 우주 전체에 적용되는 아름답고 간결하면서도 보편타당한 절대 법칙과 비교할 때, 완두콩이나 반도체 집적회로에서 나타나는 규칙의 패턴은 너무나 사소하고 소박했던 거죠.

문제는 앞으로 다가올 복잡한 세상에서는 만유인력의 법칙에 버금가는 정도의 보편타당한 법칙을 찾아내기가 더욱 어려워질 거라는 사실이에요. 이와 관련해 복잡계 과학자 앨런 다우니Allen Downey의 말을 음미해볼 필요가 있어요.

"패턴을 찾는 방식이 더 좋다는 것이 아닙니다. 보통은 더 나쁘지요. 다만 과학의 경계에서는 어떤 것이 훌륭한 연구인지에 대한 판단도 변할 수밖에 없어요. 복잡계 분야의 모델은 법칙이 아닌 '규칙'에 따라, 수식이 아닌 '계산'에 의해, 분석되기보다는 '시뮬레이션'이 됩니다. 과거에 사람들이 의심의 눈길을 보냈던 이런 방식이 이제는 일상적으로 사용되고 있는 거죠."

그의 말처럼 끊임없이 변화하고 성장하는 복잡한 세상에서 우리는 점점 더 많은 패턴과 그 패턴의 변화에 익숙해져야 할 거예요.

파레토 법칙과 롱테일 법칙

파레토 법칙으로 다시 돌아가 볼게요. 앞서 파레토 법칙은 하나의 패턴이라고 이야기했는데, 좀 더 자세히 살펴보면 이 법칙에는 단 하나의 패턴만 들어있는 것이 아니라는 사실을 알 수 있어요. 80퍼센트의 완두콩이 20퍼센트의 콩깍지로부터 나온다는 사실의 이면에는 나머지 20퍼센트의 완두콩은 80퍼센트의 콩깍지로부터 나온다는 사실이 숨어있다는 이야기에요. 그 의미를 이해하기 위해 파레토 법칙을 나타내는 그래프를 잠시 살펴볼까요?

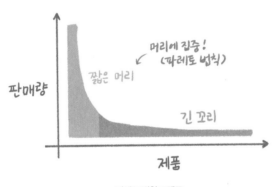

파레토 법칙 그래프

머리로 불리는 영역에 파레토 법칙이 적용되고, 옆으로 길게 뻗어 있는 영역이 숨어있는 꼬리 부분입니다. 저명한 저널리스트이자 드론 제조회사 3D로보틱스의 창업자이기도 한 크리스 앤더슨^{Chris Anderson}은 이렇게 개별적으로는 매출에 크게 이바지하지 못하지만, 함께 모이면 상당한 이익을 창출할 수 있는 꼬리 부분에 주목하고 이런 틈새 영역을 활용한 경영 전략을 '**롱테일 법칙**^{The Long Tail}'이라고 이름 붙입니다.

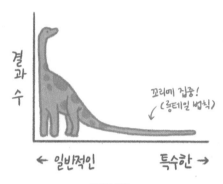

롱테일 법칙

그동안 사람들은 한정된 자원을 효율적으로 사용하기 위해 일단 큰 이익을 창출하는 머리 부분에 자원을 집중했어요. 한정된 공간과 자원을 가진 매장에서는 잘 팔리는 물건 위주로 전시하는 것이 당연한 선택이었고, 상대적으로 판매량이 저조한 물건은 아예 진열하지 않거나 판매를 꺼리기 마련이었죠.

하지만 최근 인터넷 기술의 발달로 재고관리나 물류비용이 이전보다 훨씬 저렴해지면서, 개별적으로는 인기 없는 제품이라도 꾸준히 팔리기만 한다면 일정 수준 이상의 이익을 만들어낼 수 있다는 사실을 알게 됐죠. 실제로 아마존의 경우 이렇게 활성화된 틈새시장, 즉 비인기 도서가 실제 매출의 20-30퍼센트를 차지한다는 사실이 밝혀지면서 이런 꼬리의 기여도가 상당하다는 사실이 세상에 알려졌습니다.

디지털 세상에서 이렇게 소수의 큰 기여 대신에 다수의 작은 기여에 의존하는 일은 그리 드물지 않지요. 미국항공우주국NASA이 추진하는 **클릭워커스**ClickWorkers **프로젝트**도 그중 하나입니다. 이 프로젝트는 전공자들이나 과학자들이 쉬지 않고 집중해도 몇 개월씩 걸리는 과학적 분석을, 온라인상의 자발적 참여자들이 참여하여 단 몇 분 만에 해결하는 방식으로도 비슷한 성과를 낼 수 있을지 확인하려는 목적으로 시작됐다고 해요.

이 실험의 내용은 정해진 규칙에 따라 촬영된 화성의 사진을 보고 표면에 있는 분화구를 찾아내거나, 이미 표시된 분화구를 분류하거나, 벌집 모양의 지형을 찾는 것 등인데요. 결과는 어땠을까요? 실험이 시작되고 처음 6개월 동안 8만 5000번, 전체로는 190만 번 이상의 참여 수를 기록했고요. 이 프로젝트에서 자동으로 합산된 수많은 자발적 참여자들의 입력값은 분화구 식별 작업을 몇 년 동안 진행한 지질학자의 입력값과 사실상 큰 차이가 없었다고 해요. 참여자 한 사람 한 사람으로 보면 극히 작은 기여지만 그 기여의 집합은 놀라운 성과를 이룬 거죠.

위키피디아는 작은 기여가 모여 큰 성과를 만든 대표적인 예입니다. 처음에는 이런 위키피디아의 움직임을 두고 회의적이거나 비판적인 시각이 많았어요. 전 브리태니커 편집장 로버트 맥헨리Robert McHenry는 특히 비판적인 사람 중 하나였지요. 그는 위키피디아를 '신뢰에 바탕을 둔 백과사전'이라고 조롱하는 글을 기고하기도 했어요. 그러면서 맥헨리는 미국의 정치가 알렉산더 해밀턴Alexander Hamilton에 관한 위키피디아 글을 사례로 제시했는데, 해밀턴의 정확한 출생일이 1775년인지 1757년인지 불명확하다는 내용이었습니다.

이에 대해 위키피디아 측은 해밀턴의 출생일을 1755년으로 서둘러 수정하고 이 문제를 얼버무렸어요. 그러자 맥헨리는 이번에는 위키피디아 원문에 표기된 출생일과 참고문헌에 표기된 출생일이 일치하지 않는다고 지적했죠. 위키피디아의 정보 취급 방식에 문제가 많다는 점을 계속해서 물고 늘어진 겁니다. 그는 "위키피디아의 내용은 전문가에 의해 생산된 정보가 아니므로 신뢰하기 어렵다"라고 말했다고 해요.

정작 놀라운 일은 이다음에 벌어집니다. 위키피디아에 참여했던 저자들이 맥헨리의 비판에 발끈해 그가 웹사이트에 글을 올린 지 불과 몇 시간 만에 참고문헌의 내용을 수정한 것은 물론, 그 후 며칠에 걸쳐 해밀턴 일대기와 관련한 모든 참고문헌을 수정해 업데이트한 거예요. 일주일쯤 지나자 위키피디아는 맥헨리 덕에 정확하고 오류 없는 버전으로 업데이트됐습니다. 이런 과정을 거쳐 위키피디아는 브리태니커와 함께 정확한 백과사전 지식을 전달하는 정보 출처로 자리매김할 수 있었어요.

진화적으로 안정한 전략

우리는 이제 파레토 법칙에서 롱테일 법칙으로 사고를 전환해야 할까요? 그렇지는 않습니다. 서로 다른 패턴은 얼마든지 공존할 수 있을 테니까요. 더글러스 호프스태터는 『괴델, 에셔, 바흐』에서 "합리성과 비합리성은 서로 다른 층위에서 공존할 수 있다"라고 했는데요. 공존할 수 있는 것이 비단 합리성과 비합리성만은 아니겠지요.

그런가 하면 리처드 도킨스는 『이기적 유전자』에서 동물학자 메이너드 스미스Maynard Smith가 제안한 '**진화적으로 안정한 전략** Evolutionarily Stable Strategy'을 이야기하죠. 도킨스는 이 개념이야말로 다윈 이후 진화론에서 가장 중요한 진보라고 극찬하는데, 간단히 말하면 이런 내용이에요.

우리가 살아가는 생태계는 결국 각자 자기의 이익을 극대화하려는 개체들이 모여서 서로 다투고 있는 곳인데요. 이런 상황에서 각각의 개체에 가장 좋은 전략은 '나머지 개체들이 대부분 무엇을 하고 있느냐?'에 좌우된다는 이야기입니다. 유전자는 '혼자 있을 때' 좋은 것을 선택하는 것이 아니라 유전자 풀 안의 '다른 유전자들의 선택을 배경으로 할 때' 좋은 것을 선택한다는 의미에요. 결국 복잡한 생태계에서 살아가는 우리의 전략은 다른 사람들과 동떨어져 선택될 수 없을 뿐 아니라 대단히 '상대적'이라는 이야기지요.

정답도 없이 연결된 새로운 세상에서는 얼핏 서로 모순되어 보이는 사실도 서로 다른 층위에서 함께 얽혀 공존할 수 있습니다. 절대적으로 옳거나 그른 것들은 점차 줄어들고 관계 속에서 상대적으로 좋거나 나쁜 것들이 늘어날 거예요. 그렇게 다가올 새로운 세상에서는 우리의 사고 체계도 달라질 수밖에 없겠지요. 우리에게 가장 필요한 것 중 하나는 서로의 존재를 그 자체로 인정하고 그 이야기에 귀 기울이는 열린 마음이 아닐까 생각해봅니다.

#파레토 법칙 #무어의 법칙 #롱테일 법칙 #클릭워커스 프로젝트 #위키피디아 #합리성과 비합리성의 공존 #진화적으로 안정한 전략 #열린 마음

저를 전적으로 믿으셔야 합니다
_ 낯선 사람과의 공유 × 동료생산

나는 당신에게 이 말을 선물로 준다.
"나는 당신을 믿는다"
_ 블레즈 파스칼

♪♫ **Running - 루바토**

우버와 리프트

앞서 미뤄둔 주제가 하나 있습니다. 바로 '**공유경제**' 이야기에
요. 여러분은 어떤 공유경제 서비스를 이용해봤나요? 제가 미
국에서 가장 많이 이용한 서비스는 리프트였어요. 리프트는
우버와 함께 미국의 공유 자동차 시장에서 가장 큰 영향력을
행사하고 있는 회사예요. 아직 우버나 리프트 서비스가 낯선
사람들을 위해 간단하게 이용 후기를 들려드릴게요.

제가 리프트 서비스를 가장 많이 이용한 구간은 샌프란시

스코 공항과 저희 집 사이였습니다. 샌프란시스코 지역의 엄청난 주차요금에 관해서는 앞서 잠깐 이야기했지만, 공항 주변도 마찬가지에요. 샌프란시스코 공항 근처에 자동차를 주차해두고 며칠 여행을 다녀오면 원래 계획했던 예산보다 훨씬 많은 금액을 지출하게 되는 경우가 대부분이에요. 게다가 공항과 집 사이를 오가려면 반드시 샌프란시스코 도심을 거쳐야 하므로 운전의 피로감도 어마어마하더라고요. 이런 문제를 해결해준 것이 바로 공유 자동차 서비스인 리프트였어요.

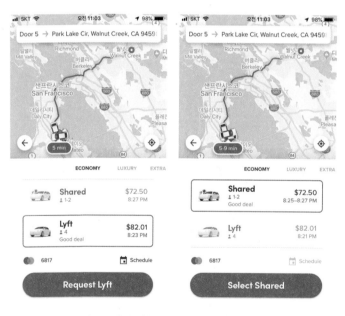

리프트 호출 화면(혼자 타는 경우 vs 함께 타는 경우)

공유 자동차 앱을 켜고 목적지를 입력하면, 곧바로 GPS 기반으로 현재 제 위치가 뜨고 주위에 있는 공유 자동차들을 한눈에 볼 수 있어요. 지금 자동차를 부르면 얼마나 기다려야 하는지, 몇 시쯤 목적지에 도착할 수 있는지도 알 수 있고요. 그에 따라 가격도 미리 책정됩니다. 차 한 대를 혼자서 조용히 타고 갈지, 아니면 방향이 비슷한 사람이 있으면 중간에 태우고 대신에 요금을 나눠서 낼 것인지만 추가로 결정하고 호출 버튼을 누르면 끝!

실제 미국에서는 할머니, 할아버지도 우버나 리프트를 많이 이용하더라고요.

샌프란시스코 공항에서 집까지 요금이 얼마나 나오는지 검색해봤는데요. 차 한 대를 혼자 타고 가면 약 82달러, 중간에 합승할 사람을 태우면 약 72달러로 우리 돈으로 1만 원 정도 차이가 나네요. 집까지 가는 데 걸리는 시간은 약 5분 차이가 나고요. 가격과 소요 시간은 날짜와 시간에 따라 그때그때 달라져요. 저는 공항에서 집까지 같은 구간을 이용하고도 40달러를 낸 적도 있고, 100달러 넘게 낸 적도 있습니다.

사실 제가 처음 미국에 도착해서 이용한 서비스는 우버였어요. 공항에 내린 저는 일단 우버 앱을 깔고, 신용카드를 등록하고(최초 이용 시에는 등록이 필요해요), 목적지를 입력하고…. 조금 헤매긴 했어도 생각보다 빨리 우버 호출에 성공했습니다.

저를 데리러 온 우버 기사는 대학원생이었는데 미국에 온 것을 환영한다면서 시원한 생수를 건네더라고요. '먹고 쓰러져서 어딘가로 잡혀가는 것은 아닐까?'라는 생각도 들었지만, 다행히 아무 일 없었습니다. 기사는 "음악을 틀어도 될까요?"라고 물은 뒤 지난주에 다녀온 여행 이야기, 샌프란시스코의 변덕스러운 날씨 이야기를 들려주었습니다. 꼭 이웃집 장난꾸러기 동생 같은 사람이었어요.

이후에도 저는 우버 서비스를 즐겨 이용했는데, 어느 날 작은 계기로 리프트로 갈아탔습니다. 동생을 만나러 뉴욕에 갔다가 라과디어 공항에서 우버를 불렀는데요. 기사가 도착했다는데 도무지 찾을 수가 없는 거예요. 알고 보니 저는 2층에 있고, 우버 앱이 찾은 제 위치는 1층이었던 거죠. 그날 저는 우버 기사와 만나는 데 무려 20분이 넘게 걸렸어요. 혹시나 하고 리프트 앱을 열어보니, 리프트는 기다리는 위치를 공항의 층과 출입구 번호까지 정할 수가 있더라고요. 이후 저는 리프트 이용자가 됐지요. 가격도 우버보다 상대적으로 저렴한 데다 사용자의 위치를 더 정확히 설정할 수가 있어서 편리하더라고요.

물론 이것은 지극히 개인적인 경험일 뿐, 리프트가 우버보다 낫다고 이야기하려는 것은 전혀 아니에요. 저는 다만 공유 경제 서비스에서는 아주 작은 불편이 이용자를 다른 서비스로 이동하게 하고, 반대로 아주 작은 배려가 이용자를 서비스로 끌어들인다는 이야기를 하고 싶었어요. 이용자에게 얼마나 매끄럽고 자연스러운 경험을 제공하는지에 따라 서비스의 신뢰도는 빠르게 높아지거나 또는 더 빠른 속도로 낮아진다는 이야기죠.

한 조사 결과에 따르면 소비자의 78퍼센트가 서비스나 제품을 이용하려던 중 불편함을 느끼면 최종 구매 의사를 철회한다고 응답했고요.* 다른 연구에서는 불편하거나 불쾌했던 고객 경험은 좋았던 고객 경험보다 두 배 더 빠른 속도로 사람들에게 퍼진다고 조사되기도 했어요.** 이 결과들은 각각 2011년과 2014년에 나온 것이니 세상의 속도가 빨라지고 사람들 사이의 연결 지수도 기하급수적으로 증가하고 있는 오늘날의 공유경제 시장에서는 두말할 것도 없겠죠.

제가 한국에 돌아와서 이용해본 서비스 중 디테일 측면에서 뛰어난 서비스로는 타다 앱이 가장 눈에 띄었어요. 앞으로 더 매끄럽고 자연스러운 서비스들이 계속 나오리라 기대하고 있습니다.

---

* https://about.americanexpress.com/press-release/good-service-good-business-american-consumers-willing-spend-more-companies-get.
** https://www2.deloitte.com/content/dam/insights/us/articles/business-communications-strategies/DUP_1214_IgnoringBadNews.pdf.

사회적 생산과 동료생산

좀 더 학구적인 이야기를 해볼까요? 공유경제는 사실 이야기하는 사람마다 어떤 것을 그리고 어디까지를 공유경제라고 불러야 하는지에 대한 견해가 아주 달라요. 이런 이유로 공유경제를 한마디로 정의하기가 쉽지 않지만, 비교적 이해하기 쉬운 정의를 하나 소개해볼게요.

"공유경제는 활용률이 낮은 자원을 찾아내 온라인상의 접근성을 통해 공동체에 자원 활용 기회를 제공함으로써 자원 소유의 필요성을 감소시키는 데 가치가 있는 비즈니스를 말한다."

『공유경제는 어떻게 비즈니스가 되는가?The Business of Sharing』라는 책에서 알렉스 스테파니Alex Stephany가 말한 내용이에요. 간단히 말해서 '내가 쓰다가 남은 것이 있다면 필요한 사람과 나눈다'라는 이야기지요. 이렇게 생각하면 공유경제의 범위는 상당히 넓어집니다. 우리에게 잘 알려진 공유 자동차나 공유 숙박 서비스뿐만 아니라 서버, 네트워크, 스토리지 등의 컴퓨팅 리소스를 공유하는 클라우드컴퓨팅cloud computing도 공유경제의 모습을 띠고 있죠. 기존 전력망에 에너지 관리 시스템, 스마트 미터기, 에너지 저장 시스템 등을 이용해 남는 에너지를 효율적으로 활용하는 스마트 그리드smart grid도 마찬가지입니다.

거래 방식의 측면에서 보면, 거래 방식의 측면에서 보면, 위키피디아처럼 금전적 대가 없이 무상으로 진행되는 공유 방식뿐 아니라 에어비앤비처럼 대가를 지급하고 유상으로 이뤄지는 거래 방식도 공유경제에 포함할 수 있어요. 개인들끼리 무언가를 서로 주고받는 이른바 **개인간거래**P2P, Person to Person 방식의 거래뿐 아니라 앞서 공유 자전거 서비스처럼 하나의 기업이 소비자에게 직접 빌려주는 방식의 사업도 모두 공유경제에 포함할 수 있죠. 공유와 유상 또는 공유와 사업이라는 용어가 동시에 쓰이는 것이 서로 모순되어 보이기도 하지만 말입니다.

이와 달리 공유경제의 범위를 아주 좁게 보는 시각도 있어요. 하버드대학의 요하이 벤클러가 대표적인데요. 벤클러는 무엇을 **공유재**라고 하려면 그 어떤 개인도 이를 혼자서 처분하거나 자기만 배타적으로 사용할 권한을 가져서는 안 된다고 생각했어요. 공유경제를 통해 탄생한 생산물은 생산에 참여한 사람뿐 아니라 다른 모든 사람에게도 공평하게 분배되어 저마다 재량에 따라 자유롭게 사용할 수 있어야 한다는 이야기지요.

벤클러는 위계질서가 아닌 '스스로 선택한' 행동에 의존하는 생산 시스템을 **동료생산**peer production이라고 이름 붙이고, 이런 동료생산이야말로 진정한 의미에서 공유경제의 특징을 갖춘 생산 시스템이라고 주장했죠.

동료생산의 대표적인 예로는 오픈 소스 소프트웨어에 기반을 둔 소프트웨어 개발 방식을 들 수 있어요. 오픈 소스란 어떤 제품을 개발하는 과정에 필요한 소스 코드나 설계도를 누구나 접근해서 열람할 수 있도록 공개하는 방식을 말하죠. 위키피디아처럼 여러 사람이 모여 분산된 형태로 콘텐츠를 생산하는 방식도 동료생산의 훌륭한 예라고 할 수 있습니다.

동료생산 방식이 제대로 작동하려면 한 사람이 자체적으로 얼마나 시간을 투자할지를 선택할 수 있어야 하는데, 이를 위해 필요한 것이 '**모듈화**modularity'예요. 쉽게 말해 참여자가 아주 작은 '조각module'으로 참여하는 것도 가능해야 다수가 부담 없이 참여할 수 있게 되어 완성도가 높아지게 된다는 의미지요. 앞에서 이야기한 클릭워커스 프로젝트를 떠올리면 쉽게 이해할 수 있을 거예요.

공유경제와 온디맨드 경제

이렇게 동료생산 형태의 공유경제에 참여하는 사람들은 금전적 보상을 받기 위해서가 아니라 만족감이라든가 즐거움과 같은 마음속의 동기에 의해 움직인다는 특징이 있습니다. 벤클러는 이런 내재적인 동기에 의해 움직이는 시스템을 '공유경제'로, 가격 신호 때문에 움직이는 시스템을 **'온디맨드 경제'**로 구분합니다.

하버드대학의 로런스 레시그Lawrence Lessig도 이와 유사한 의견을 갖고 있어요. 레시그는 공유경제에서의 교환을 정의할 때 절대로 사용할 수 없는 용어가 바로 돈 또는 가격이라고 말합니다. 벤클러와 레시그의 기준에 따르면 우리가 금전적 대가를 지급하고 이용하는 우버나 에어비앤비 같은 서비스는 모두 공유경제로 보기 어렵습니다. 기업이 직접 자신이 소유한 자전거를 대여하는 공유 자전거 사업은 공유경제와 더욱 거리가 멀겠지요. 벤클러는 이렇게 금전적 대가가 오가는 온디맨드 경제는 인터넷이 가지는 개방성과 협업성을 파괴할 거라고 경고하기도 해요. 충분히 새겨들을 만한 이야기입니다.

다만 스테파니의 표현을 빌리면 지금은 어쩌면 '이미 엎질러진 물'이라고 할 만한 상황인지도 모르겠어요. 그동안 두루 사용되어온 공유경제라는 말을 이제 와서 하루아침에 폐기 처분한다면, 이를 바탕으로 사회적·경제적 이익을 추구하거나 이 용어를 활용해 세상을 이해해온 사람들이 큰 혼란에 빠질 수 있다는 이야기지요.

어쩌면 우리 사회에서 4차 산업혁명이라는 용어가 처한 상황도 이와 비슷합니다. 이런 이유로 저는 조금 아쉽지만 일단 공유경제를 넓게 보는 방향에서 이야기를 이어가려고 해요. 여러분도 공유경제라는 말에 담긴 다양하고 깊은 의미를 이해하고 이에 관한 각자의 생각을 정리할 수 있기를 바랍니다.

거래 비용, 낯선 사람과의 공유

디지털 네이티브인 제 딸을 보면 요즘 트위터 등 소셜미디어에서 만난 친구들과 연예인 관련 굿즈를 나누고, 직접 작업한 손글씨나 그림도 주고받습니다. 사실 우리가 상대방과 무언가를 주고받는 일은 인류의 오랜 역사에서 아주 평범하고 빈번하게 이뤄졌던 일이기도 하죠.

산업혁명이 일어나기 전의 우리를 잠시 상상해볼까요? 우리의 경제 활동은 대부분 개인과 개인의 거래, 요즘 말로 하면 P2P 거래의 형태로 이루어졌을 거예요. 누구나 거래 조건만 맞는다면 원하는 것을 맞춤 제작된 형태로 얻을 수 있었겠지요. 당시의 우리는 서로 믿을 만한 사람들끼리 물건을 빌려주거나, 집에서 재워주거나, 음식을 제공하거나, 동물 등을 이용해 짐을 옮겨주거나 사람을 태워주었을 거예요. 이때 가장 중요한 것은 무엇보다 신뢰였을 겁니다.

　이런 모습은 오늘날 우리가 말하는 공유경제 서비스와 아주 유사합니다. 다른 점이라면 당시의 경제 활동은 주로 각 지역 공동체 안에서 서로 잘 아는 사람들이 연결된 작은 네트워크 안에서 이뤄졌을 가능성이 크고, 오늘날의 공유경제는 서로 잘 알지 못하는 낯선 사람과 엄청나게 큰 네트워크 안에서 이뤄진다는 점이겠지요.

　그렇다면 우리는 어떻게 낯선 사람과도 P2P 거래를 할 수 있게 됐을까요? 물론 모르는 사람과도 연결될 수 있는 인터넷과 같은 연결망의 등장이 가장 큰 요인일 겁니다. 그런데 또 하나 빠뜨릴 수 없는 것이 있어요. 바로 '**거래 비용**transaction cost'의 문제입니다.

　거래 비용은 1991년 노벨경제학상을 받은 천재 경제학자 로널드 코즈Ronald Coase가 소개한 개념인데요. 간단히 말해 사람들끼리 제품이나 서비스 등을 거래하는 과정에서 발생하는 모든 비용을 뜻해요. 돈뿐 아니에요. 예를 들어 제가 어떤 제품을 사기 위해 판매자를 찾고, 거래 의사를 확인하고, 제품 디자인이나 크기를 결정하고, 가격에 합의하고, 최종적으로 제품을 받는 과정까지 들어가는 모든 시간과 노력을 포함하는 개념이에요.

　여기서 잠깐 아주 오래전의 원시 P2P 거래를 생각해볼게요. 작은 마을 네트워크 안에서 이뤄지는 거래에서는 거래 비용도 그리 많이 들지 않았을 거예요. 소비자로서는 구할 수 있는 곳이 한두 곳뿐이니 고민은 크지 않았을 것이고, 생산자로서도 원하는 사람이 가까운 그곳에 있는 소수라면 각각의 요구를 모두 맞추어주는 것이 큰 무리가 되지는 않았을 테니까요. 그러다가 산업혁명으로 도시가 탄생하고, 먼 거리를 갈 수 있는 이동 수단이 등장하고, 거래가 폭발적으로 늘어나면서 P2P 방식의 거래 비용도 급격히 늘어났을 겁니다.

이런 비용은 P2P 방식만으로 확장할 수 있는 거래의 규모나 지역적 범위를 제한할 수밖에 없었겠지요. 그러자 영리한 사람들은 기존의 P2P 방식을 버리고, 공장을 지어 **규모의 경제** economies of scale를 통해 표준화된 제품을 대량으로 생산해 유통하기 시작했습니다. 그 결과 거래 비용도 급격히 하락하게 되지요. 덕분에 사람들은 질 좋은 제품을 저렴한 가격에 이용할 수 있게 됐지만, 대신에 규격에 자신을 맞추어서 소비해야 하는 불편도 생겨납니다. 생산자로서는 미처 다 팔지 못한 재고를 관리해야 하는 어려움도 따랐겠지요.

오늘날 사람들은 원시 P2P 거래의 장점인 커스터마이징과 산업혁명의 성과인 규모의 경제의 장점을 융합하는 방법을 찾아내는 중이에요. 현재 등장하고 있는 많은 공유경제 서비스는 따지고 보면 P2P 거래에서 발생하는 거래 비용을 줄이는 형태를 띠고 있어요.

인공지능 알고리즘을 이용해서 서로 다른 필요를 가진 사람들을 연결해주고, 거래의 적정 가격을 결정해주고, 계약도 대신 체결해주는 식으로 말입니다. 그렇게 우리는 적은 비용으로도 모르는 사람과도 P2P 거래를 할 수 있는 새로운 세상을 살아가고 있습니다. 사회학자이자 경제학자인 줄리엣 쇼어Juliet Schor가 말하는 **낯선 사람과의 공유**stranger sharing가 가능해졌다는 말이에요.

평판 시스템과 블록체인

낯선 사람과의 거래에서 거래 비용만큼이나 중요한 요소가 있어요. 바로 **신뢰**입니다. 앞서 원시 P2P 거래의 핵심은 신뢰라고 했어요. 1, 2차 산업혁명 시대에는 어땠을까요? 물론 신뢰도 중요하지만, 거래에서 발생할지 모를 위험을 줄여주는 시스템이 이에 못지않게 중요해졌죠. 그렇게 탄생한 것이 바로 거래 관계를 규율하고 재산권을 보호하는 각종 법과 제도입니다.

낯선 사람과의 공유를 시작한 오늘날은 어떨까요? 우리에겐 다시 신뢰가 중요해질 수밖에 없습니다. 법과 제도는 우리가 규모의 경제를 실현하던 시절에는 제법 유용하고 효과적인 제도였지만, 일상의 모든 P2P 거래에까지 관여하기에는 덩치가 너무 큰 친구라고나 할까요? 저도 변호사입니다만, 솔직히 법이라고 하면 누구나 불편하고 어려워하는 데다 비용도 많이 드니까요.

사회학자 제임스 콜먼James Coleman은 공유경제에서 말하는 신뢰는 '다른 사람이 어떻게 행동할지를 알기 전에 일단 협력부터 하려는 의지'라고 정의했어요. 이 정도의 신뢰가 쌓이려면 상당한 경험의 축적이 필요하겠지요. 뉴욕대학의 아룬 순다라라잔Arun Sundararajan은 인터넷 기반 P2P 환경에서의 신뢰는 다섯 가지 단서에서 출발한다고 했습니다.

◈ 나의 이용 경험: "한번 써보니 좋더라!"
◈ 다른 사람의 경험에서 얻은 정보: "별점을 보니 여기가 좋겠다!"
◈ 브랜드 인지도: "이 플랫폼이라면 무슨 일이 있어도 책임져 줄 것 같아!"
◈ 디지털 사회적 자본: "이 판매자, 페이스북이나 인스타에 글 많이 올리던데!"
◈ 정부나 다른 단체의 인증: "정부 인증을 받았다니 한번 써보자!"

이 중에서 가장 덜 쓰이는 방식은 쉽게 알 수 있겠지요? 다섯 번째일 거예요. 나머지는 제법 많이 활용되는 방식들이에요. 미국을 기준으로 보면 이 중에서 가장 많이 활용되는 방식은 두 번째 단서와 유사한 **평판 시스템**이 아닐까 싶어요. 구글이나 옐프의 별점이 대표적입니다. 이런 평판 시스템이 건강하게 작동하게 하려면 무엇보다 네트워크 내에서의 원활한 피드백 고리가 만들어지도록 해야겠지요.

그렇다면 디지털 신뢰의 정점에는 무엇이 있을까요? 아직은 우리가 많은 걸 예측할 수 없겠지만, 그 유명한 **블록체인** Block Chain이 중요한 역할을 맡게 될 가능성이 커요. 블록체인에서 '블록block'은 P2P 거래의 데이터가 기록되는 디지털 장부를 말하고, '체인chain'은 블록들이 서로 연결되어 체인과 같은 구조가 된다는 의미에요. 즉 거래 내용을 포함하는 각종 데이터를 연결된 네트워크의 곳곳에 분산해서 저장한다는 이야기지요.

블록체인은 네트워크에 참여하는 모든 사람의 모든 거래를 자료화해서 서로 연결하고 분산해서 저장하기 때문에, 하나의 데이터를 위조하거나 변조하려면 네트워크에 연결된 모든 노드를 함께 공격해야 해요. 그만큼 위조나 변조가 어렵기 때문에 디지털 데이터의 신뢰성을 보증할 수 있다는 의미에서 새로운 세상에서 디지털 신뢰의 주축이 될 수 있다는 평가를 받는 거죠.

이런 블록체인 기술은 **비트코인**^{Bitcoin}과 같은 **가상화폐**(암호화폐)를 탄생시키기도 했는데요. 안타까운 것은 이렇게 탄생한 가상화폐가 오히려 블록체인 기술의 발목을 잡았다는 점이에요. 비트코인을 둘러싼 투기 열풍으로 인해 블록체인 관련 산업 전체가 극심한 견제를 받고 있으니까요. 그렇다고 '정부의 규제가 기술 발전을 막고 있다'라는 식의 단순한 이야기를 하려는 것은 아닙니다. 물론 맞는 말이지만, 이 현상에는 좀 더 깊은 이야기가 숨겨져 있으니까요.

정부는 왜 규제에 열을 올리고 있을까요? 한동안 남녀노소 할 것 없이 너도나도 앞다투어 가상화폐 거래로 한탕을 노렸기 때문이죠. 그렇다면 한탕주의에 물든 사람들이 문제일까요? 그것도 아닙니다. 이처럼 굉장히 위험 부담이 큰 투기성 거래를 해서라도 인생 역전을 꿈꿀 수밖에 없는 희망 없는 사람들은 어떻게 생겨났을까요? 정부가 그 책임에서 벗어날 수 있을까요? 안타깝게도 우리 사회에서 정부와 개인은 지금 서로 연결되어 강력한 피드백을 주고받으며 블록체인의 싹을 꾹꾹 밟아버리는 중입니다.

물론 블록체인이 만능열쇠일 수는 없어요. 적절한 규제도 필요하죠. 다만 어떤 시스템도 시행착오를 거치지 않고 단번에 완벽한 모습으로 탄생할 수 없다는 사실을 기억할 필요가 있어요.

디지털 신뢰의 축적

다시 원래의 이야기로 돌아오면, 공유경제는 결국 남는 것을 나누는 방식의 경제입니다. 좋은 것을 나눈다면 더 큰 신뢰가 쌓이겠지요. 지난 시대 경제의 중심이 희소성이었다면 적어도 당분간 경제의 중심은 공유와 신뢰일 겁니다. 조금 지난 이야기지만《뉴욕타임스》기자 마크 러바인Mark Levine은 이런 말을 했어요. 농담이 섞여 있지만 재미있는 표현이라 기억에 남습니다.

> "공유와 소유의 관계는 태양광 전자판과 탄광의 관계와 같습니다. 공유는 깨끗하고 신선하며 세련되고 포스트모던하지만, 소유는 지루하고 이기적이며 소극적이고 후진적이에요."

지금까지는 남들보다 더 좋은 것을 가지고 잘 지킬 때 이익이 돌아왔다면, 앞으로의 세상에서는 남들보다 더 좋은 것을 더 잘 나누어 더 강력한 디지털 신뢰를 쌓는 사람이 더 큰 이익을 얻으리라 확신해요. 그렇다면 우리는 구체적으로 무엇을 어떻게 나눌 수 있을까요? 결론부터 말하자면 저는 각자의 자리에는 각자의 나눌 것이 있다고 생각합니다. 간단한 예를 들어볼게요.

앞서 동생은 공부하면서 뉴욕시에서 제공하는 각종 위치 정보를 대단히 유용하게 활용했다고 이야기했는데요. 한국에도 많은 훌륭한 공개된 데이터가 있어요. 아마 여러분도 지금 자신의 자리에서 수많은 데이터를 만들고 있을 테고요.

다만 문제는 우리가 축적하고 있는 데이터 중 상당 부분이 나중에 데이터를 이용할 사람이 '쓸 수 없는' 데이터라는 점이에요. 우리는 각자 나름의 방식으로 열심히 데이터를 축적하고 있지만, 정작 나중에 이를 이용하려는 사람들이 가장 필요로 할 정보가 무엇인지를 생각해보지 않았거나, 아니면 이용해본 경험이 없어서 상상하지 못하기 때문이죠.

안타깝게도 이처럼 핵심이 빠진 채 축적된 데이터는 빅데이터로 거듭나기 어려워요. 예를 들어 위도나 경도 데이터가 빠진 위치 정보는 이를 빅데이터로 전환해 건축물을 설계하는 데 사용하지 못할 가능성이 크다는 이야기입니다. 따라서 데이터를 만들고, 저장할 때는 반드시 이 데이터를 누구에게 어떻게 내어줄 것인지를 먼저 고민하고 조사할 필요가 있습니다.

더 나아가 우리는 적극적으로 어떤 데이터를 만들어서 다른 사람에게 직접 내어주는 일도 할 수 있겠지요. 이때에는 사람들이 좋아할 만한 데이터가 무엇인지를 알아내는 것이 무엇보다 중요할 테고요.

이때 제가 추천하는 방법은 사실 아주 간단해요. 여러분이 각자의 자리에서 자기가 가지고 있는 가장 좋은 것을 먼저 떠올려보라는 거죠. 여러분이 아끼는 바로 그 데이터가 다른 사람에게도 가치 있는 데이터가 될 가능성이 크니까요. 만일 그런 데이터를 발견했다면 누구보다 먼저 내어주세요. 다른 사람이 내어주기 전에, 이왕이면 여러분이 가진 그것 중 가장 좋은 것부터 말이에요.

#공유경제 #리프트 #우버 #P2P #동료생산 #모듈화 #거래 비용 #낯선 사람과의 공유 #디지털 신뢰 #평판 시스템 #블록체인 #비트코인 #데이터 축적

즐겁게! 나답게!

_ 지능 폭발×인간과 기계의 공생

명랑한 기질을 간직하라.

_ 윌리엄 셰익스피어

♪♬ **Yoakeno Michi(새벽길)－카즈미 타테이시 트리오**

인공지능 왓슨과 〈제퍼디!〉 우승자의 대결

인공지능이 어마어마한 속도로 똑똑해지고 있다고 많이들 이야기합니다. 인공지능은 복잡한 패턴인식도 척척 해내면서 인간의 고유 영역이라고 여겨지던 분야에도 속속 접근하고 있어요. 에릭 브리뇰프슨과 앤드루 맥아피가 쓴 『제2의 기계 시대』라는 책을 보면 이런 이야기가 나와요.

　미국에는 〈제퍼디! Jeopardy!〉라는 오랜 전통을 지닌 TV 퀴즈 쇼가 있는데요. 역사, 문학, 예술, 문화, 과학, 스포츠, 세계사

등 온갖 주제를 다룰 뿐 아니라 난센스 퀴즈에 가까운 말장난이나 문학적 비유를 맞추는 문제들까지 다루고 있어서 실제로 점수를 얻기가 꽤 힘들다고 해요. 〈제퍼디!〉에 나오는 문제는 예를 들면 이런 식이에요.

Q: NBA 제왕들의 도시에서 과거를 떠올리게 하는 운율은?
A rhyming reminder of the past in the city of the NBA's kings?

A: 새크라멘토 메멘토!
Sacramento memento!

얼핏 보기에도 엉뚱한 문제지요? 정답은 이렇습니다. 일단 문제의 NBA 제왕들의 도시라는 말을 듣고 미국의 도시 새크라멘토를 떠올려야 하고, 여기에 과거를 떠올리게 하는 단어 중 라임이 맞는 단어를 찾다 보면… '아! 메멘토!' 하고 정답이 떠오른다는 거예요. 꽤 창의성이 요구되는 문제이죠.

2011년 〈제퍼디!〉에서는 재미있는 이벤트를 준비하는데 바로 인공지능 왓슨과 〈제퍼디!〉의 역대급 챔피언의 대결이었습니다. 왓슨의 상대로 뽑힌 사람은 켄 제닝스Ken Jennings와 브래드 러터Brad Rutter였죠. 74번 연속 우승이라는 대기록의 보

유자인 제닝스는 317만 달러, 우리 돈으로 35억 원이 넘는 상금을 획득한 전설적인 우승자였고요. 러터는 그런 제닝스를 물리치고 340만 달러가 넘는 상금을 획득해 영웅이 됐던 참가자예요.

결과는 어떻게 됐을까요? 왓슨의 승리였습니다! 왓슨은 대단히 노련하게, 때로는 대담하게, 때로는 느긋하게 경기를 운영하며 승리를 거머쥐었고, 총 7만 7147달러가 넘는 상금을 획득했습니다. 경기가 끝난 후 인터뷰에서 제닝스는 이런 말을 남겼다고 해요.

"20세기에 조립라인에 로봇이 투입되면서 공장 일자리가 사라졌듯, 브래드와 나는 새로운 세상의 '생각하는' 기계에 밀려난 최초의 지식산업 노동자가 되겠군요"

비단 퀴즈쇼만이 아니에요. 인공지능이 고도화될수록 인간의 일자리는 점점 줄어들 수밖에 없는 것이 현실이에요. 그래서 사람들은 새로운 세상에 대해 걱정도 많습니다. 저도 이런 고민에서 벗어날 수는 없죠. 사실 인공지능과 변호사는 '캐릭터'가 많은 부분 겹치니까요. 논리적이고 빈틈없이 일하는 변호사야말로 인공지능과 가장 유사한 직종에서 일하고 있는지도 모릅니다.

모라벡의 역설

인공지능은 무엇을 잘하고, 무엇을 못할까요? 먼저 '지능'의 의미를 생각해보겠습니다. MIT 물리학자 맥스 테그마크는 지능을 이렇게 정의합니다.

지능 = 복잡한 목표를 달성하는 능력

그의 설명에 따르면 세상을 이해하는 능력, 문제를 해결하는 능력, 학습하는 능력 등은 모두 각각 복잡한 목표의 하나이고요. 모든 지능적인 행동은 목표의 달성과 따로 떼어내어 설명할 수 없어요. 따라서 어떤 과제가 얼마나 어려운지는 결국 그것을 달성하기가 얼마나 어려운지에 비례해서 평가되어야 한다는 이야기죠.

그렇다면 우리의 경쟁 상대인 인공지능은 도대체 어떤 목표 앞에서 약한 모습을 보일까요? 컴퓨터가 어려운 과제로 인식하는 문제들은 인간과는 다를 거예요. 일단 컴퓨터는 인간이 누구나 잘하는 것을 못 해요. 예를 들어 걷기는 컴퓨터가 아직도 아주 많이 어려워하는 과제지요. 로봇공학자 한스 모라벡 Hans Moravec은 이런 상황을 다음과 같이 표현했어요.

"IQ 테스트나 체스 게임에서 어른 수준의 성능을 발휘하는 컴퓨터를 만들기는 상대적으로 쉽습니다. 하지만 지각이나 이동 능력 면에서 한 살짜리 아기만 한 능력을 갖춘 컴퓨터를 만드는 일은 어렵거나 불가능합니다."

사람들은 이런 컴퓨터와 인간 능력의 역설적인 상황을 '**모라벡의 역설**Moravec's Paradox'이라고 부릅니다. 사람에게 쉬운 것은 로봇에게 어렵고, 로봇에게 쉬운 것은 사람에게 어렵다는 뜻이에요. 모라벡은 컴퓨터의 성능이 향상되는 것은 굴곡이 있는 지형에 서서히 물이 차오르는 것과 같다고 비유해요. 아직 산의 정상 부분(운동 능력, 눈과 손의 협응력 등)은 컴퓨터와의 경쟁에서 안전하지만, 현재의 속도라면 반세기 안에 가장 높은 산의 정상도 물에 잠기게 될 거라고 예견하면서 말입니다.

알파고와 딥러닝

우리는 어떤 선택을 할 수 있을까요? 첫째, 인공지능이 잘 못 하는 일을 한다. 둘째, 인공지능을 직접 설계하는 일을 한다. 우선은 이 두 가지 선택지가 떠오릅니다.

첫 번째 선택은 인공지능과 경쟁할 일이 상대적으로 적다는 장점이 있어요. 반면에 인공지능이 못 하는 일의 대부분은 인간이라면 누구나 잘하는 일이라는 단점이 있습니다. 앞서 언급한 걷기나 눈과 손이 협동해서 같이 움직이기 같은 일들이에요. 하필 인공지능이 못 하는 일들이 대부분 우리가 부가가치를 만들어내기 대단히 어려운 일들인 셈입니다. 패턴인식이나 복잡한 의사소통 같은 분야는 인공지능이 잘 못 하면서 인간도 누구나 잘하는 일은 아니라는 점에서 사람들이 관심을 두고 살펴보는 중이에요. 이 둘을 가능하게 만드는 능력인 창의력에 주목하는 이유이기도 하지요.

반면에 두 번째 선택은 만일 달성할 수만 있다면 첫 번째 선택보다는 무언가 근본적인 대응책처럼 느껴집니다. 요즘 많은 사람이 과학, 기술, 공학, 수학 등 과학기술 교과를 통합적으로 가르치는 '스템STEM 교육'에 관심을 두는 이유이기도 해요. 실제로 알파고를 개발한 구글 딥마인드DeepMind의 창업자 데미스 하사비스Demis Hassabis도 어린 시절부터 프로그래밍을 학습한 컴퓨터과학 전공자였습니다.

여기서 잠시 생각해볼 질문이 있어요. 알파고가 대단한 이유가 도대체 무얼까요? 단순히 이세돌 9단과의 경기에서 승리했다는 사실 때문만은 아닙니다. IBM이 만든 슈퍼컴퓨터 **딥블루**Deep Blue는 1997년에 이미 세계 체스 챔피언과 싸워 이겼는데요. 이때 딥블루는 둘 수 있는 모든 경우의 수를 계산하는 방식으로 인간을 이겼어요. 인간의 관점에서 설명하자면 대단히 논리적인 방식이었지요.

그러나 체스와 달리 바둑은 둘 수 있는 경우의 수가 너무 많기 때문에(바둑에서 가능한 위치의 수는 10의 171제곱으로, 우주에 존재하는 원자의 숫자보다도 많다고 해요), 컴퓨터가 인간에게 고전을 면치 못한 분야였지요.

구글의 딥마인드는 알파고를 통해 다른 방식을 시도합니다. 알파고에게 바둑의 규정을 알려주고 둘 수 있는 모든 경우의 수를 계산하게 하는 방식을 버리고, 대신에 바둑을 두는 경험을 계속해서 쌓게 하면서 좋은 수라면 '연결을 강화하라'라는 피드백을, 나쁜 수라면 '연결을 약화하라'라는 피드백을 준 거죠. 그렇게 알파고는 설계자로부터 수를 하나하나 교육받지 않고도 스스로 피드백을 통해 연결의 세기를 조절하며 학습해나갈 수가 있었어요.

시행착오를 통해 오답은 줄이고 정답은 늘리도록 강화한다는 의미에서 이런 방식의 학습을 '**강화학습**reinforcement learning'이라고 하는데요. 강화학습을 통한 '**딥러닝**deep learning' 기술은 알파고가 승리하는 데 결정적인 이바지를 합니다. 인간의 관점에서 보면 대단히 '직관적인' 방식으로 인간을 격파한 거죠. 개발자인 하사비스조차도 알파고가 어떤 수를 왜 두었는지는 모르겠다고 말할 정도로 말입니다.

인공지능, 기계학습, 딥러닝
출처: www.nvidoa.com

알파고가 대단한 진짜 이유는 우리에게 조금은 섬뜩한 사실, 즉 시기의 문제일 뿐 앞으로 인공지능은 패턴인식, 복잡한 의사소통, 심지어 인공지능을 직접 설계하는 일까지도 모두 해낼 가능성이 크다는 점을 인식시켰다는 데 있습니다.

테그마크는 특히 두 번째 분야와 관련해서 "언젠가 인공지능이 스스로 인공지능을 설계해서 만들어낼 수 있는 시대가 오면 기계가 기계를 업그레이드하는 과정을 통해 온 세상이 뒤바뀌는 지능 폭발의 시대, 즉 특이점이 올 것"이라고 말했지요. 테그마크는 이 클라이맥스는 인류에게 일어날 일 중 최선이거나 최악이 될 거라고 했는데요. 같은 맥락에서 아인슈타인도 이렇게 말했습니다. "나는 제3차 세계대전이 어떤 무기로 치러질지 모르지만, 제4차 세계대전에서는 막대기와 돌로 싸우게 될 것이 확실하다"라고 말이에요.

뻔한 탐색 전략과 슈퍼스타 경제

안타깝게도 우리가 어떤 분야를 선택하든 그 앞에는 예전처럼 큰 바다가 펼쳐져 있지 않을 가능성이 큽니다. 과거의 우리가 거대한 범선을 타고 블루오션을 찾아 대항해를 떠났다고 한다면, 새로운 세상에서의 우리는 이와는 전혀 다른 지형을 예상하고 탐험할 준비를 해야 한다는 이야기입니다. 새로운 세상에서 우리 앞에 놓인 지형은 광활한 바다보다는 안개가 자욱한 산골짜기 지형에 가까울 거예요.

복잡계 과학자 존 밀러John Miller는 『전체를 보는 방법A Crude Look At The World 』이라는 책에서, 복잡한 세상 속의 우리를 안개가 자욱해 전방 1-2미터만 시야가 확보되는 산속에 남겨진 등반가와 같다고 이야기합니다. 그러면서 밀러는 우리가 어떻게 하면 시야가 확보되지 않는 불확실한 상황에서도 산의 가장 높은 봉우리에 오를 수 있을지를 고민하지요.

그는 두 가지 전략을 이야기하는데요. 우선 그가 '**뻔한 탐색**' 전략이라고 표현한 방법이 있습니다. 뻔한 탐색을 선택한 등반가는 일단 주변을 한번 둘러보고 그중 내리막이 아닌 오르막길을 선택합니다. 새로운 지역이 나타나면 다시 오르막길을 선택하고 이렇게 오르막길을 계속 선택하다가 주변이 모두 같은 높이가 되는 상황이 오면 이번에는 무작위로 길을 선택합니다.

이 전략을 계속 사용하다 보면 등반가는 언젠가 모든 방향이 내리막인 어떤 지점에 도착하게 되는데요. 이때 등반가는 자신이 봉우리에 올랐다고 세상에 알리는 거죠.

이 전략에는 어떤 문제점이 있을까요? 우리가 도착한 지점이 산의 가장 높은 봉우리가 아닐 가능성이 크다는 점이에요. 뻔한 탐색 전략은 아마도 우리를 산의 수많은 작은 봉우리 중 한 곳에 데려다주겠지만, 그 봉우리가 가장 높은 봉우리는 아닐 가능성이 커요. 더 나쁜 점은 우리가 마주치게 될 산의 경우 작은 봉우리에서는 아마도 작은 나무 열매조차 구하기 어려울지 모른다는 점이에요.

4차 산업혁명으로 변화할 세상은 소수의 승자가 모든 것을 차지하는 이른바 '**슈퍼스타 경제**'의 모습일 가능성이 크니까요. 어느 분야든 아주 적은 수의 기업이나 개인만이 살아남을 가능성이 크다는 이야기입니다. 또 다른 문제는 이 전략으로

뻔한 탐색을 통한 우리의 위치

작은 봉우리에서 도착한 우리는 더 이상 다른 곳으로 움직이기도 어렵다는 점이죠.

우리는 지금까지 이렇게 자신에게 주어진 여러 선택지 중 성공에 이를 것이 더 확실해 보이는 길을 선택하고, 그 길을 오르기 위해 최선을 다하는 방식으로 살아왔습니다. 우리는 더 좋은 대학에 가기 위해, 더 좋은 직장에 들어가기 위해 옆을 돌아보는 시간마저 줄여가며 열심히 달렸지요.

이 과정에서 뻔한 탐색 전략은 사실 꽤 잘 통했어요. 우리를 둘러싼 지형이 그다지 복잡하지 않았기 때문이에요. 마치 맑은 날씨에 원뿔 모양의 산에 오르는 것처럼 말입니다. 이런 날씨와 지형에서는 등반가가 어디에서 출발하든, 성실하게 오르막길을 계속 찾아가다 보면 어느새 산의 꼭대기에 도착할 수 있었어요.

문제는 이제 날씨는 흐리고, 지형도 더 이상 원뿔 모양이 아니라는 점입니다. 세상이 작은 봉우리와 큰 봉우리로 이뤄져 기복이 심한 히말라야나 로키산맥처럼 변하고 있다는 말이에요. 이런 상황에서 오르막길을 택하는 뻔한 전략을 사용해 계속 가다 보면 등반가 대부분은 산 중턱의 어느 작은 봉우리에 갇혀 있는 자신을 발견할 가능성이 큽니다. 그런 사람들은 그저 운 좋게 그곳에 나무 열매가 있기만을 바랄 밖에요.

오류를 포함하는 확률적 언덕 오르기 전략

이런 방식이 아니라면 우리는 어떤 전략을 취할 수 있을까요? 밀러는 울퉁불퉁 지형을 오르는 수많은 등반가를 설정하고 컴퓨터로 시뮬레이션을 한 결과를 바탕으로 '**오류를 포함하는 확률적 언덕 오르기**'라는 전략을 제안합니다.

이 전략은 간단히 말해 이런 거예요. 우선 앞서 말한 뻔한 탐색 전략처럼 일단 대부분은 오르막길로 가는 표준적인 알고리즘을 택해요.

다만 범위를 크게 벗어나지 않는 선에서 가끔 일종의 오류를 넣는 거죠. 예를 들면 '주변의 기온이 너무 높아지거나 너무 낮아지지 않는다면 가끔은 무작위로 내리막길을 선택하라'라는 식으로 말이에요. 이렇게 탐색 과정에 의도적으로 오류를 넣으면 비로소 등반가는 기복이 심한 지형에서도 작은 봉우리에서 빠져나와 큰 봉우리를 향해 나아갈 수 있다는 이야기입니다.

얼핏 목표에서 멀어지는 것처럼 느껴지는 내리막길의 선택이 결국에는 등반가가 작은 봉우리에서 빠져나와 산의 가장 높은 봉우리로 나아가게 만든다는 거죠. 과학자들은 실제로 이런 방법을 응용해 에이즈 치료제와 같은 복잡한 병을 치료하는 혼합제에 관한 연구를 하고 있다고 해요. 앞서 실패의 중요성을 강조했던 것과도 통하는 이야기에요.

이른바 4차 산업혁명 시대의 우리는 어떻게든 일단 큰 배에 올라타기만 하면 가만히 있어도 무조건 바다에 도착하던 시대와는 작별하게 될 거예요. 이전 시대에는 이른바 '금수저'로 태어나 무슨 짓을 해서든 큰 배에 올라타기만 하면 인생이 술술 풀리는 사람도 많았지요.

하지만 새로운 세상의 우리는 어떤 직장에 속해 있든, 어떤 스타트업에서 일하든 또는 혼자서 프리랜서로 일하든 간에 이제 모두 히말라야를 오르는 한 명 한 명의 등반가와 같다는 사실을 기억할 필요가 있습니다. 회사나 팀에 의존하지 않고 자기 자신의 힘으로 스스로 산을 올라야 해요. 어느 회사에 또는 어느 팀에 속한다고 해서 무조건 봉우리에 오른다는 보장도 없고, 반대로 회사나 팀이 없다고 해서 봉우리에 오르지 못하리란 법도 없습니다.

다만 확실한 것은 지금 눈앞의 작은 성공만을 보고 나아가다 보면 작은 봉우리에 발이 묶인 등반가의 처지가 되기 십상이라는 점이에요. 용기를 내어 때로는 돌아가는 길도 선택하면서 시행착오를 무릅쓰고 산을 올라야 할 겁니다. 그러기 위해서는 무엇보다 어느 길 하나만을 고집하지 않는 **유연함**과 길이 아니더라도 돌아 나올 수 있는 **회복탄력성**이 중요할 거예요.

즐거움을 이길 것은 없다

산봉우리를 쉴 새 없이 오르락내리락할 때 필요한 것이 또 있어요. 시원한 배, 오이, 초코바 같은 것들이죠. 각자에게 필요한 초코바가 같을 수는 없겠지만 가장 달콤한 것 중 하나는 좋아서, 즐거워서 하는 일이 아닐까 싶어요. 공자는 『논어』에 이런 말씀을 남겼습니다.

"아는 것은 좋아하는 것만 못하고, 좋아하는 것은 즐거워하는 것만 못하다."

즐거운 일을 아직 찾지 못했다면 잘하는 일을 선택해도 좋습니다. 잘하는 일을 아직 찾지 못했다면 자기가 해본 일 중에서 그나마 제일 덜 못 하는 일이라도 찾아보세요. 자기가 어떤 사람인지, 진짜 나답게 사는 게 무엇인지 알아가는 과정이 중요합니다. 마음이 맞는 사람들끼리 서로 응원하면서 산을 오른다면 더욱 좋겠지요. 어쨌거나 우리에겐 상당한 체력이 필요할 겁니다.

이전 세상의 우리는 각자의 처지가 다르다고 생각하면서 비교하고 경쟁하는 데 익숙했어요. 하지만 앞으로 우리의 모습은 안개 자욱한 산을 저마다의 방식으로 오르는 동료 등반가들에 가까울 거예요. 그러니 이제 서로에게 조금은 여유로워지면 어떨까요? 서로를 배려하면서 조금 더 즐겁게, 조금 더 가볍게, 조금 더 넓은 마음으로 산을 올라봅시다. 가끔은 맑은 공기, 시원한 바람, 이름 모를 풀꽃의 향기도 느끼면서 말이에요.

#인공지능 #제퍼디 #왓슨 #지능 #모라벡의 역설 #스템 교육 #알파고 #딥블루 #강화학습 #딥러닝 #뻔한 탐색 전략 #슈퍼스타 경제 #오류를 포함하는 확률적 언덕 오르기 전략 #유연함과 회복력 #즐거움만 못하다

Take 3

연결된 지식은
별이 됩니다

또 실패했는가? 괜찮다.
다시 실행하라. 그리고 더 나은 실패를 하라.
_ 사뮈엘 베케트

♪♫ **Unique－렌카**

4차 산업혁명이 여전히 낯선 사람들에게 용기를 줄 수 있는 책을 쓰고 싶었습니다. 여러분이 단지 지식을 얻는 데서 그치지 않고 인식의 지평을 넓히는 데 도움이 되는 책이기를, 실제로 새로운 세상으로 한 걸음 내딛게 하는 책이기를 감히 바랐고요. 제가 그 일을 조금이라도 해낸 것인지 불안하고 초조한 마음이 앞서지만, 여러분의 잠재력을 믿으며 이제 조심스러운 마음으로 이 책을 세상에 내놓습니다.

아직 우리는 새로운 세상이 우리에게 어떤 모습으로 다가올지 알지 못합니다. 하지만 분명한 것은 이 세상 누구도 확실히 알지 못한다는 점이에요. 복잡하게 연결된 세상에서 우리의 예측은 대부분 빗나갈 테고, 수많은 시행착오와 실패를 통해서만 비로소 앞으로 나아갈 수 있을 테니까요. 제가 여러분께 확실히 드릴 수 있는 말은 실패한 곳에 멈춰 서지만 않는다면 실패는 더 큰 꿈을 이루는 하나의 과정에 불과하다는 것입니다.

레이 커즈와일은 말했습니다. 결정을 내려야 하는 중대한 순간에 우리는 새로운 것을 한꺼번에 생각해낼 시간이 없다고요. 맞는 말입니다. 물론 우리가 이 세상 모든 것에 대해 미리 고민할 수는 없겠지요. 하지만 적어도 내 주위와 내가 관심 있는 것들에 대해서는 오늘부터 관찰과 고민을 시작해보면 어떨까요? 이렇게 만들어진 사고의 모듈, 즉 정리된 작은 생각들은 어느 날 어느 순간 우리가 미처 생각하지 못할 때 새롭게 연결되어 반짝이는 아이디어로 자라나 우리를 새로운 세상으로 안내할 것이라 믿습니다.

새로운 세상을
공부하는 시간

초판 1쇄 인쇄 2019년 3월 15일
초판 1쇄 발행 2019년 3월 25일

지은이 손승현
펴낸이 신경렬

편집장 송상미
마케팅 장현기·정우연·정혜민
디자인 이승욱
경영기획 김정숙·김태희
제작 유수경

디자인 공중정원 박진범 | **일러스트** 홍유연 | **교정교열** 박혜영

펴낸곳 (주)더난콘텐츠그룹
출판등록 2011년 6월 2일 제2011-000158호
주소 04043 서울시 마포구 양화로12길 16, 7층(서교동, 더난빌딩)
전화 (02)325-2525 | **팩스** (02)325-9007
이메일 book@thenanbiz.com | **홈페이지** www.thenanbiz.com